Rotes Heft 84

Kriseninterventation

Psychosoziale Unterstützung für Einsatzkräfte

von
Cornelia Franke
Freiwillige Feuerwehr Saarbrücken
Simon Franke
Notfallsanitäter

2., erweiterte und überarbeitete Auflage

Verlag W. Kohlhammer

Dieses Werk einschließlich aller seiner Teile ist urheberrechtlich geschützt. Jede Verwendung außerhalb der engen Grenzen des Urheberrechts ist ohne Zustimmung des Verlags unzulässig und strafbar. Das gilt insbesondere für Vervielfältigungen, Übersetzungen, Mikroverfilmungen und für die Einspeicherung und Verarbeitung in elektronischen Systemen.

Die Wiedergabe von Warenbezeichnungen, Handelsnamen und sonstigen Kennzeichen in diesem Buch berechtigt nicht zu der Annahme, dass diese von jedermann frei benutzt werden dürfen. Vielmehr kann es sich auch dann um eingetragene Warenzeichen oder sonstige geschützte Kennzeichen handeln, wenn sie nicht eigens als solche gekennzeichnet sind.

Die Abbildungen stammen – sofern nicht anders angegeben – von den Autoren.

2., erweiterte und überarbeitete Auflage 2021

Alle Rechte vorbehalten
© 2005/2021 W. Kohlhammer GmbH, Stuttgart
Gesamtherstellung: W. Kohlhammer GmbH, Stuttgart

Print:
ISBN 978-3-17-035842-3

E-Book-Formate:
pdf: ISBN 978-3-17-035844-7
Epub: ISBN 978-3-17-035845-4
Mobi: ISBN 978-3-17-035846-1

Inhaltsverzeichnis

1 Einleitung 5

2 Aufbau des Buches 8

3 Das Alarmsystem des Menschen 11
3.1 Einführung 11
3.2 Nervensystem des Menschen 12
3.3 Reaktion auf Bedrohung 13
3.4 Stressantwort 17
3.5 Stresskaskade 19
3.6 Zusammenfassung 25

4 Einsatzkräfte: Besondere Situation 26
4.1 Einsätze als belastende Situation 26
4.2 Hilflosigkeit und Schuldgefühle 27
4.3 Alltagsbelastung 28

5 Verarbeitung von Belastung 30

6 Folgen von Belastungen 32
6.1 Akute Belastungsreaktion 33
6.2 Posttraumatische Belastungsstörungen 36
6.3 Subsyndromale Bedrohungen 37
6.4 Burnout 39
6.5 Sonstige Folgen und Erkrankungen 41
6.6 Positive Folgen 44

Inhaltsverzeichnis

7 Moderatorvariablen und Ressourcen **46**
7.1 Situation 47
7.2 Individuum 47
7.3 Organisation 51

8 Prävention: Vorbeugung und Bewältigung **55**
8.1 Maßnahmen des Individuums 62
8.2 Maßnahmen der Organisation 79
8.3 Therapiemöglichkeiten 97

9 Psychosoziale Notfallversorgung (PSNV) **99**
9.1 Geschichte der PSNV 99
9.2 Inhalte des Konsensus-Prozess 101
9.3 PSNV im Einsatzalltag 103
9.4 PSNV für Betroffene 104
9.5 PSNV für Einsatzkräfte 105
9.6 PSNV in Großschadenlagen 109
9.7 Peers 119

10 Psychische Erste Hilfe **123**

11 Tod eines Kameraden oder einer Kameradin **128**

Resümee **134**

Literatur **137**

1 Einleitung

Einsatzkräfte der Feuerwehr und anderer Behörden und Organisationen mit Sicherheitsaufgaben (BOS) sind in ihrem Alltag häufig mit besonderen Situationen konfrontiert: Verkehrsunfälle, Wohnungsbrände, Suizide. Die Liste an möglicherweise psychisch belastenden Einsatzsituationen ist lang. Doch eins haben alle gemeinsam: An die Feuerwehrangehörigen werden höchste Ansprüche gestellt, Menschenleben zu retten und Gefahren abzuwenden.

Jeder entwickelt eigene Möglichkeiten, mit Stress und anderen Belastungen umzugehen. In den meisten Fällen reichen die eigenen Ressourcen auch aus, um die psychischen Folgen eines Einsatzes gut verarbeiten zu können. Allerdings gibt es Szenarien, die die Bewältigungsmöglichkeiten des Einzelnen übersteigen können. Die Zahl der Hilfsangebote, etwa durch PSNV- und Kriseninterventionsteams, haben in den letzten Jahren zugenommen und das Bewusstsein für psychische Belastungen ist bei den Feuerwehrangehörigen gestiegen. Trotzdem gibt es noch viel Verbesserungspotenzial auf Seiten der Feuerwehren. Denn auch ohne psychologische Ausbildung kann jeder Einzelne viel dafür tun, seine eigene und die psychische Gesundheit seiner Kollegen und Kameraden zu erhalten und zu schützen.

Mittlerweile ist es wissenschaftlich anerkannt, dass die physische und psychische Gesundheit eine untrennbare Einheit bilden. Diese Verbundenheit sollte deshalb zwingend beim Gesundheitsschutz beachtet werden. Verantwortlich sind da-

1 Einleitung

bei sowohl die Organisation als auch jeder Einzelne, die Einsatzfähigkeit der Mitglieder aufrecht zu erhalten. Die Verpflichtung der Organisation zum Gesundheitsschutz und damit zum Erhalt der Einsatzfähigkeit, ergibt sich aus den Arbeitsschutzbestimmungen und der Fürsorgepflicht als Arbeitgeber bzw. Dienstherr. Die Verpflichtung des Einzelnen ergibt sich dabei aus seiner Verantwortung für sich selbst und seine Familie sowie gegenüber dem Team, in dem er Mitglied ist.

Ziel dieses Roten Heftes ist es, Möglichkeiten aufzuzeigen, wie auch durch einfache Maßnahmen Schritt für Schritt die Widerstandsfähigkeit der Feuerwehrangehörigen gegen psychische Belastungen erhöht werden kann. Dabei handelt es sich keineswegs um ein Lehrbuch für die Ausbildung zur PSNV-Fachkraft, es kann und soll diese auch nicht ersetzen, sondern richtet sich vielmehr an interessierte Einsatz- und Führungskräfte.

Führungs- und Leitungskräfte finden in diesem Heft Hinweise darauf, wie sie die psychische Gesundheit ihrer Mitarbeiter schützen und dadurch die Organisation stärken können. Die meisten aufgelisteten Hinweise sind einfach und kostengünstig umzusetzen und können sowohl kurzfristig für Verbesserung sorgen als auch langfristig eine Kultur schaffen, in der offen über Stress und Belastungen gesprochen werden kann und in der Einsatzkräften ermöglicht wird, den besonderen Herausforderungen ihrer Arbeit gerecht zu werden. Gleichzeitig richtet sich das Heft auch an alle Einsatzkräfte, die sich für das Thema interessieren und durch das zusätzliche Wissen ihre eigenen Reaktionen verstehen und lernen wollen, besser mit psychischer Belastung umzugehen. Auch zum eigenen Umgang mit den Belastungen, die durch

1 Einleitung

die tägliche Konfrontation mit Unglück und Leid entstehen, finden sich Hinweise in den folgenden Kapiteln.

Das Heft richtet sich gleichermaßen an Mitglieder von Freiwilligen Feuerwehren, Werkfeuerwehren und Berufsfeuerwehren. Die grundsätzlichen Belastungen und die daraus resultierenden Folgen sind bei allen Einsatzkräften gleich. Unterschiedlich sind natürlich die Arbeitsbedingungen und die damit verbundenen Herausforderungen: Berufsfeuerwehrbeamte arbeiten im Schichtdienst und mit einer meist höheren Einsatzfrequenz als Freiwillige, diese werden aber bei jedem Alarm aus ihrem Alltag gerissen und müssen zusätzlich zu ihrem Dienst in der Feuerwehr ihrem normalen Beruf nachgehen. Vereinzelt sind Hinweise in diesem Buch nur für einzelne Gruppen geeignet und umsetzbar, der Großteil ist aber für alle Beteiligten relevant. Die Begriffe »Mitarbeitende«, »Kameraden« und »Mitglieder« werden deshalb synonym verwendet. Im Allgemeinen beschreibt die »Organisation« die entsprechende Feuerwehr. Viele Aspekte sind aber auch für die Umsetzung in anderen Behörden und Organisationen mit Sicherheitsaufgaben geeignet, deren Einsatzkräfte mit ähnlichen Belastungen konfrontiert sind, schließlich funktioniert deren Stresssystem nicht anders. Die genannten Beispiele orientieren sich aber an Szenarien aus dem Feuerwehralltag. Zum Schluss noch ein Hinweis: Mit dem Text sind explizit alle Leserinnen und Leser gleichermaßen, egal ob männlich, weiblich oder divers, angesprochen. Zur Vereinfachung des Textes werden im Folgenden die Begrifflichkeit nicht differenziert.

2 Aufbau des Buches

Im Kapitel 3 wird das Stresssystem des Menschen beschrieben. Die Einblicke in die neurologischen und endokrinen Prozesse sollen dem Leser Verständnis für seine eigenen Reaktionen im stressigen Einsatzgeschehen ermöglichen und helfen, seine eigenen Bewältigungsmöglichkeiten zu verstehen und zu kanalisieren. Allein dieses Wissen kann helfen, mit psychischen Belastungen umzugehen und bildet zusätzlich die Grundlage zum Verständnis von weiteren Maßnahmen. Dieses Wissen soll anhand eines gut verständlichen Modells erläutert werden, das sich nur soweit mit anatomischen Grundlagen auseinandersetzt, dass es zum Verständnis ausreicht. Anschließend werden die Belastungen beschrieben, die bei Einsatzkräften von besonderer Bedeutung sind, wie diese normalerweise verarbeitet werden und welche Folgen es haben kann, wenn die Verarbeitung gestört oder überfordert ist. Dazu zählen nicht nur einzelne, besonders traumatische Einsätze, sondern ganz besonders auch die Alltagsbelastung, der Einsatzkräfte ständig ausgesetzt sind. Es werden verschiedene Krankheitsbilder und Folgestörungen vorgestellt, die bei Einsatzkräften durch traumatische Erfahrungen und Stress ausgelöst werden können.

Ob jemand aufgrund der Belastungen Traumafolgestörungen entwickelt oder diese gut verarbeiten kann, hängt von einer ganzen Reihe Faktoren ab. Dazu gehören die eigenen Ressourcen, die zur Verfügung stehen um Belastungen zu verarbeiten. Aber auch die Organisation, die die Rahmenbedingung der Arbeit stellt, hat einen großen Einfluss auf die psychische Gesundheit ihrer Mitglieder. In Kapitel 7 wird die Rolle dieser verschiedenen Eckpunkte dargestellt. Aufbauend auf dem Verständnis der einzelnen Rollen werden dann die Präventionsmöglichkeiten vorgestellt. Diese sind gegliedert in Maßnahmen, die vor, während oder nach einem Einsatz getroffen werden können und die jedem individuell oder der Organisation zur Verfügung stehen, um positiven Einfluss auf die psychische Stabilität und Gesundheit der Einsatzkräfte zu nehmen. Dieser Aufbau soll zum einen einer übersichtlichen Struktur dienen, zum anderen aber auch aufzeigen, dass jedem jederzeit Mittel zur Verfügung stehen, die eigene Situation und die Situation innerhalb der Feuerwehr zu verbessern.

Im folgenden Kapitel wird die Psychosoziale Notfallversorgung (PSNV) als Fachdienst in der Gefahrenabwehr und Partner der Feuerwehr vorgestellt. Dabei wird besonderes Augenmerk darauf gelegt, wie die Zusammenarbeit zwischen PSNV und Feuerwehr im alltäglichen Einsatz, aber auch bei besonderen Schadenlagen sinnvoll gestaltet werden kann. Außerdem werden Methoden vorgestellt, mit denen die PSNV die Prävention oder Nachsorge bei Einsatzkräften der Feuerwehr unterstützen kann. Abschließend wird in diesem Kapitel gezeigt, wie die Feuerwehr mit sogenannten Peers, also kollegialen Ansprechpartnern, ein sinnvolles Bindeglied zwischen den eigenen Einsatzkräften und den Fachkräften der PSNV schaffen kann. Die Betreuung von Menschen im Ausnahmezustand stellt Ungeübte vor eine große Herausforderung und geht häufig mit eigener Belastung einher. Die »Regeln der psychischen Ersten Hilfe« bieten konkrete Handlungsempfehlungen für die Betreuung von Betroffenen, so-

Aufbau des Buches

dass die Zeit bis zum Eintreffen von Fachkräften sinnvoll überbrückt werden kann.

Abschließend beschäftigt sich dieses Rote Heft mit dem Tod in den eigenen Reihen: Kommen Mitglieder im Rahmen ihrer Tätigkeit in der Feuerwehr ums Leben, bedeutet das für alle Beteiligten immense Belastungen und Herausforderungen. Es kann dazu keine allgemeingültige Handlungsanweisung geben, wie Angehörige unterstützt werden können und wie die Feuerwehr dazu beitragen kann, dass alle Beteiligten mit dem Verlust umgehen können. Allerdings finden sich in diesem Kapitel einige Hinweis und Gedanken, die Führungskräfte dabei unterstützen sollen, mit solch einer schwierigen Situation angemessen umzugehen.

3 Das Alarmsystem des Menschen

3.1 Einführung

Jeder Mensch empfindet Stress, wenn er einer scheinbar bedrohlichen Situation gegenüber steht. Die Bedrohung kann dabei sehr vielschichtig sein, von einer kleinen Peinlichkeit bis hin zu einer ernsten Gefahr für Leib und Leben. Auf jede Art von Bedrohung reagiert das »Alarm- und Verteidigungssystem« (AVS). Hinter diesem Begriff verstecken sich eine ganze Reihe an teils hochkomplexen Mechanismen, die in unserem Körper ablaufen, damit dieser sich gegen alle möglichen Gefahren zur Wehr setzen kann. Die wesentlichen Funktionen des AVS teilt sich der Mensch mit allen Wirbeltieren und die Entwicklung geht mit der Menschheitsgeschichte seit Urzeiten einher. Viele der Mechanismen sind Überbleibsel aus der Jäger- und Sammlerzeit, aber auch heute hat das System lebenswichtige Bedeutung, auch wenn wir seltener in Situationen geraten, in denen unser Überleben davon abhängt, wie schnell wir rennen oder wie gut wir kämpfen können.

Einsatzkräfte sind häufig mit hochkritischen Situationen konfrontiert, in denen das Leben und die Gesundheit von Betroffenen und Patienten bedroht ist. Aber auch im »normalen Alltag« reagiert das Alarm- und Verteidigungssystem ständig, nämlich immer dann, wenn Stress aufkommt. Das beginnt meistens bereits mit dem Piepsen des Melders oder dem Dröhnen des Alarmgongs. Für jeden, der sich mit dem Thema der psychosoziale Notfallversorgung beschäftigt, ist es unerlässlich, mit den Grundfunktionen des AVS vertraut zu sein. Auch Einsatzkräfte sollten wissen, was in ihrem Körper vorgeht, um auf belastende Einsätze richtig reagieren zu können. In diesem Buch sollen die einzelnen Vorgänge nicht bis ins letzte Detail beschrieben werden, stattdessen wird das AVS als einfaches und möglichst anschauliches Modell beschrieben und weitgehend auf anatomische Fachbegriffe verzichtet. Wichtiger ist es, die Reaktionen des Körpers auf belastende Situationen in groben Zügen zu verstehen, um Folgen und besonders auch Präventionsmaßnahmen nachvollziehen zu können. Für weitere Hintergrundinformationen seien dem interessierten Leser an dieser Stelle die Werke Hüther (2018) sowie Roth und Stüber (2018) empfohlen.

3.2 Nervensystem des Menschen

Im menschlichen Körper finden sich zwei größtenteils getrennt arbeitende Nervensysteme: das vegetative (autonome) Nervensystem und das somatische (willkürliche) Nervensystem. Das somatische Nervensystem ist für die bewusste Steuerung von Bewegungen und die bewusste Wahrnehmung von Reizen zuständig. Die Vorgänge des vegetativen Nervensystems hingegen lassen sich nicht bewusst steuern, es arbeitet autonom. Das vegetative Nervensystem steuert beispielsweise die Verdauung, den Blutdruck und die Herzfrequenz. Das AVS ist Teil dieses vegetativen Nervensystems, seine Reaktion lässt sich nicht bewusst steuern.

3.3 Reaktion auf Bedrohung

Das vegetative Nervensystem:

Das vegetative Nervensystem besteht unter anderem aus den zwei Gegenspielern Sympathikus (»Sportnerv«) und Parasympathikus (»Ruhenerv«). Der Sympathikus stellt kurzfristig Energie bereit und ermöglicht dadurch körperliche Höchstleistungen, der Parasympathikus hingegen überwiegt während Ruhe- und Entspannungsphasen.

Sowohl der Sympathikus als auch der Parasympathikus spielen beim Umgang mit Extremereignissen eine bedeutende Rolle und werden im Verlauf des Kapitels noch vorgestellt.

3.3 Reaktion auf Bedrohung

Von unseren Sinnen werden jede Sekunde Millionen von Reizen aufgenommen oder im Inneren unseres Körpers registriert und an unser Gehirn weitergeleitet. Dort werden die eingehenden Informationen nach den folgenden Kriterien klassifiziert: gefährlich/ungefährlich, bekannt/unbekannt, relevant/irrelevant.

Die für das Individuum scheinbar irrelevanten Informationen erreichen gar nicht erst das eigentliche Bewusstsein, sie werden aussortiert. Die übrigen, als relevant eingestuften Informationen werden danach sortiert, ob sie eine Gefahr signalisieren könnten, also bedrohlich wirken, oder ungefährlich zu sein scheinen. Die scheinbar nicht bedrohlichen (aber dennoch relevanten) Informationen werden an die zuständigen Hirnareale weitergeleitet und dort entsprechend verarbeitet. Sie können unter anderem Handlungen, Gedanken und

3 Das Alarmsystem des Menschen

Gefühle auslösen und treten teilweise ins eigentliche Bewusstsein ein.

Bei Reizen, die als bedrohlich eingestuft werden, wird das Alarm- und Verteidigungssystem aktiv. Das AVS reagiert bereits niederschwellig auf unerwartete Vorkommnisse und eine große Bandbreite an Ereignissen:

- **Existenzbedrohliche Rahmenbedingungen:** Gefährdung des eigenen Hab und Gutes, beispielsweise Geld, Behausung oder Lebensort.
- **Gefährdung der Bindung an die Gruppe:** Obwohl heutzutage der Ausschluss aus einer Gruppe als soziales Gefüge selten den sicheren Tod bedeutet, ist diese Angst menschheitsgeschichtlich durchaus nachvollziehbar. Die Angst ist breit gefächert und kann bereits bei Konflikten mit Familienangehörigen, Freunden, Kollegen und Nachbarn beginnen und reicht bis zum Verlust von Bezugspersonen. Aber auch die Bedrohung des Selbstbildes innerhalb einer Gruppe lässt sich in diese Kategorie einordnen. Dazu gehören peinliche Situationen, Blamagen und (scheinbarer) Gesichtsverlust, etwa durch erlebte Kritik. Aber auch der Verlust von Statussymbolen, deren Bedeutung über den reinen materiellen Wert hinaus geht, kann zum Erleben von Bedrohung führen.
- **Gefährdung der körperlichen Integrität:** Hunger und Durst, Verletzung, Krankheit, Tod, (sexuelle) Gewalt.

3.3 Reaktion auf Bedrohung

Die Gefahr muss dabei nicht einmal zwangsläufig das Individuum direkt betreffen. Häufig reicht es aus, wenn umstehende Personen bedroht sind, um eine Reaktion des AVS hervorzurufen. Das lässt sich nicht mit Mitgefühl erklären, sondern durch reinen Überlebenswillen: Eine Gefahr für andere könnte in Zukunft mich selbst betreffen oder meine Bezugsgruppe schwächen. Da das AVS unter Zeitdruck auf eine Gefahr reagieren muss, kann keine vollständige Lagebeurteilung durchgeführt werden. Deshalb reagiert das AVS auch auf Situationen, in denen keine reelle Gefahr besteht, sondern lediglich angenommen wird. Da dieselbe Situation von verschiedenen Menschen unterschiedlich eingeschätzt werden kann, können diese auch unterschiedlich reagieren.

Selbst der Gedanke an eine Bedrohung kann bereits eine Reaktion des AVS auslösen. Denkt man in einer ruhigen Situation beispielsweise an einen gravierenden Unfall, kann das zu Stressempfinden führen. Aber auch Reize, die eigentlich als neutral eingestuft werden, können durch Erinnerungen an belastende Einsätze Stressreaktionen auslösen. Dazu können beispielsweise bestimmte Gerüche oder Geräusche gehören. Das AVS wird also immer aktiv, wenn es eine Bedrohung wahrnimmt. Die folgende Tabelle gibt einen kleinen Überblick über mögliche Situationen:

3 Das Alarmsystem des Menschen

Tabelle 1: *Potenziell bedrohliche Situationen*

Alltagssituationen	Geldsorgen, Konflikte, Prüfungen, Stress im Job, Probleme mit der Familie, neue und unerwartete Reize
Außergewöhnliche Belastungen	Mobbing, Verlust des Jobs, eigene schwere Krankheit Konfrontation mit Unglücken, Krankheit, Verletzung, Tod, soziales Elend
Extremereignisse	Unfall- oder Gewaltopfer sein, lebensbedrohliche Erkrankung, Eigenheimverlust durch Feuer, Miterleben von Großschadenlage, MANV, Naturkatastrophe, Amok- oder Terrorlagen

Wirklich beachtenswert ist, dass das Miterleben viele dieser Situationen für Einsatzkräfte einen normalen Arbeitsalltag darstellt. Die meisten werden täglich mit Unfall und Krankheit, Tod und sozialem Elend konfrontiert und erleben, zumindest gelegentlich, besondere Schadenlagen. Trotzdem reagiert ihr AVS auf all diese Bedrohungen in gewöhnlichem Ausmaß. Das Problem hierbei ist, dass das AVS als Notfallprogramm ausgelegt ist. Wenn es zu häufig aktiv ist und dazwischen zu wenige Ruhephasen hat, kann das zu schwerwiegenden psychischen und körperlichen Folgen führen. Auf diese Problematik wird in den nächsten Kapiteln noch verstärkt eingegangen (Hüther 2018, Roth und Strüber 2018).

3.4 Stressantwort

Das Alarm- und Verteidigungssystem reagiert also auf eine ganze Reihe von möglichen Bedrohungen. Doch was passiert, wenn es eine Situation als gefährlich eingestuft hat? Das AVS wird auch als »neuroendokrine Stressantwort« bezeichnet. Es bedient sich also des Nerven- und Hormonsystem des Körpers und sendet Stresssignale als Reaktion auf eine mögliche Bedrohung hin aus. Diese Signalstoffe (beispielsweise das Hormon Noradrenalin) verstärken den Sympathikus (»Sport-/Kampfnerv«) als Teil des vegetativen (unwillkürlichen) Nervensystems. Dadurch wird verschiedenen kampf- und fluchtwichtigen Regionen des Körpers verstärkt Energie bereitgestellt und die Aufmerksamkeit fokussiert sich auf die Quelle der potenziellen Gefahr. Die wichtigsten Reaktionen des Sympathikus sind in der folgenden Tabelle dargestellt:

Tabelle 2: *Sympathikus*

Sympathikus (»Sportnerv«)		
Körperregion	Wirkung	Nutzen
Herz	Herzfrequenz und Herzkraft erhöht	Mehr Blut wird gepumpt: Verbesserter Transport z. B. von Sauerstoff
Blutgefäße	Verengt → Blutdrucksteigerung	Verbesserter Transport, auch in periphere (entlegene) Körperregionen

3 Das Alarmsystem des Menschen

Tabelle 2: **Sympathikus – Fortsetzung**

Sympathikus (»Sportnerv«)		
Körperregion	Wirkung	Nutzen
Lunge	Bronchien weiten sich, die Atmung wird beschleunigt	Verbesserte Sauerstoffzufuhr/CO_2 Abatmung → Mehr Leistung wird möglich
Verdauungssystem	Verringerung der Verdauung	Blut wird in »kampfwichtigen« Regionen gebraucht
Augen	Pupillen weiten sich	Mehr Lichteinfall ins Auge → besseres Sehen
Haut	Schweißproduktion	Kühlung

Umso stärker der empfundene Stress, desto weniger sind logisches Denken und planvolles Handeln möglich. Bei unmittelbarer Gefahr kann das AVS eigenständig, also ohne Beteiligung unseres Bewusstseins, entscheiden und entsprechende instinktive Handlungen auslösen. Diese instinktiven Handlungen sind nicht mehr bewusst steuerbar.

Bei Einsatzkräften reagiert das AVS sobald sie durch Melder oder Sirene alarmiert werden. Dadurch wird die nötige Energie bereitgestellt und die Wachsamkeit erhöht. Allerdings verengen sich auch der Blick und die Wahrnehmung durch eine stärkere Fokussierung, es kann zum Tunnelblick kommen. So wird es schwieriger, die Gesamtsituation im Blick zu behalten und zusätzliche, nicht offensichtliche Gefahren werden leichter übersehen. Deshalb ist es im Einsatzgeschehen unerlässlich, dass die Zusammenarbeit und Kommunikation im Team gut funktioniert.

3.5 Stresskaskade

Die Reaktion des Organismus auf eine mögliche Gefährdung durchläuft die Stresskaskade. Diese besteht aus mehreren, jeweils eskalierenden Stufen. Ob alle Stufen der Kaskade durchlaufen werden, ist abhängig von der Schwere der Bedrohung, den eigenen Möglichkeiten zur Gefahrenabwehr und früheren Erfahrungen. Da jeder die Gefahr individuell beurteilt, kann es sein, dass unterschiedliche Menschen in der selben Situation verschieden reagieren. Die Stresskaskade gliedert sich nach Schauer, Neuner und Elbert (2011) in folgende Stufen:

- **Stufe 1 – Freeze**: Wenn genügend Zeit ist, durchläuft der Organismus eine kurze Orientierungsphase. Er erstarrt und die Aufmerksamkeit wird auf die Gefahrenquelle gerichtet. Diese Phase wird genutzt, um die Gefahr abzuschätzen und die erforderliche Reaktion vorzubereiten.
- **Stufe 2 und 3 – Flight und Fight**: Wird die erkannte Gefahr als starke Bedrohung wahrgenommen, wird das Verteidigungssystem über den Sympathikus aktiviert (siehe Tabelle 2). Die teilweise als unangenehm empfundenen Sympathikusreaktionen dienen dazu, alle Energiereserven des Körpers zu mobilisieren und den Organismus zu Höchstleistungen bei Flucht oder Kampf zu befähigen.

3 Das Alarmsystem des Menschen

> Nicht benötigte Körperfunktionen (z. B. Verdauung) werden verringert, Blase und Darm können sich unwillkürlich entleeren. Auch wenn das den Menschen (aus heutiger Sicht) in eine peinliche Situation bringen kann, geht es dem AVS lediglich ums Überleben durch Vorteile bei der Flucht.

Ob der Organismus versucht zu fliehen oder zu kämpfen, entscheidet das AVS selbständig. Wenn die Flucht möglich erscheint, ist diese meist risikoärmer als der Kampf und wird deshalb häufig gewählt. Ist die Entscheidung für eine Reaktion gefallen, läuft das entsprechende Programm solange ab, bis das AVS entscheidet, dass die akute Gefahr gebannt ist. Allerdings kann das AVS auch in kürzester Zeit seine Entscheidung zwischen Flucht und Kampf revidieren, etwa wenn eine Flucht unmöglich erscheint. Dieses Verhalten kann zu scheinbar widersinnigen Handlungen führen und Betroffene können sich und andere dadurch in Gefahr bringen.

Auch Einsatzkräfte können auf unvorhergesehene Ereignisse wie Explosionen oder Einstürze entsprechend reagieren. Häufig sind bei ihnen Schuld- oder Schamgefühle zu beobachten, wenn sie in solch einer Situation weglaufen und womöglich Kameraden zurücklassen. Allerdings handelt es sich dabei um eine normale Reaktion des AVS, welches intuitiv auf eine unnormale Situation reagiert. Diese Reaktion lässt sich nicht durch die Einsatzkraft beeinflussen.

- **Stufe 4 – Fright (Totstellen)**: Wenn die akute Gefahr nicht durch Kampf oder Flucht abgewendet werden kann und der Betroffene keine Möglichkeit mehr sieht, auf das Geschehen einzuwirken, schal-

3.5 Stresskaskade

tet der Organismus von aktiver Verteidigung auf Immobilität um. Dieses Totstellen ist auch in der Tierwelt verbreitet und hat den Hintergrund, dass scheinbar tote Tiere seltener gejagt und gefressen werden. Aufgrund der scheinbaren Hilf- und Ausweglosigkeit wird diese Situation als besonders bedrohlich erlebt und bildet den Höhepunkt des Angstempfindens.

Dieser Totstellreflex bildet einen Wendepunkt in der Stresskaskade. In den Phasen der aktiven Verteidigung dominierte der Sympathikus, beim Totstellen übernimmt der Parasympathikus (»Ruhenerv«) als sein Gegenspieler. Die Auswirkungen des Parasympathikus sind konträr zu denen des Sympathikus. Die Herzfrequenz und der Blutdruck verringern sich, die Atmung wird langsamer und flacher und der Verdauungsprozess beginnt. Im Normalfall ist der Parasympathikus der Ruhenerv und wird menschheitsgeschichtlich dann verstärkt aktiv, wenn die Beute gejagt ist und verdaut werden muss und keine Bedrohung herrscht. Im Rahmen der Verteidigung bildet das Totstellen also einen Wendepunkt, das AVS sieht keine Möglichkeit mehr, die Gefahr durch Kampf oder Flucht abzuwenden.

- **Stufe 5 und 6 – Flag and Faint (Erschlaffen und Ohnmacht)**: Der Organismus erschlafft, Bewegungen werden langsamer und schwieriger bis zur Bewegungsunfähigkeit, das Schmerzempfinden lässt bis zur Schmerzunempfindlichkeit nach. Zunächst werden noch Signale vom Körper ins Gehirn geleitet aber keine Signale und Befehle mehr vom Gehirn in den Körper. Die Fähigkeit der Sprachwahrnehmung und -produktion lassen bis zur Sprachunfähigkeit nach.

Die Reaktionen des Parasympathikus werden stärker, es kommt also zu einer weiteren Verringerung der Herzfrequenz und des Blutdruckes. Zunächst wirken die Betroffenen noch wach und aufmerksam, sind aber nur noch bedingt ansprechbar. Im Verlauf kann es zur Bewusstlosigkeit kommen. In dieser Phase des »Shutdowns« werden Gefühle wie Wut, Angst und Schmerzen nicht mehr empfunden. Diese Gefühlstaubheit führt dazu, dass sich der Organismus nicht mehr wehrt und keine weiteren Fluchtversuche unternimmt. Außerdem entsteht für den Betroffenen das Gefühl, das Geschehen wie durch Nebel, Watte oder eine Milchglasscheibe zu erleben. Der Bezug zur Realität wird konfus, ein Gefühl der Unwirklichkeit entsteht. Wenn im Verlauf der Reaktion keine Signale mehr vom Körper ins Gehirn geleitet werden, haben viele Menschen das Gefühl, nicht mehr in ihrem Körper zu sein und sich selbst von außerhalb zu beobachten. Diesen Zustand nennt man Dissoziation (Schauer, Neuner und Elbert 2011).

Einsatzkräfte werden im Einsatzgeschehen in der Regel nicht von einer Shutdown-Reaktion betroffen, solange sie nicht selbst Opfer eines Unglückes (z. B. verschüttet) werden. Allerdings zeigt die Erfahrung, dass Einsatzkräfte nach einem Kontrollverlust häufig unter starken Belastungsreaktionen leiden. Solch ein Kontrollverlust kann dadurch entstehen, dass Einsatzkräfte ihrer Tätigkeit nicht nachkommen können. Etwa wenn bei einem Zugunglück die Strecke noch nicht freigegeben wurde. Auch berichten Einsatzkräfte, die während des

3.5 Stresskaskade

Einsatzes handlungsfähig geblieben sind, also keine Shutdown-Reaktion erlebt haben, von Wahrnehmungseinschränkungen (»Ich habe gar nicht gemerkt wie die Zeit vergangen ist, wie heiß/kalt es war, wie viele Menschen herumgestanden haben«), Sprachunfähigkeit (»Ich hatte keine Worte mehr«), Gefühlslosigkeit oder einem Gefühl der Unwirklichkeit. Diese Empfindungen können auch nach dem Einsatz eine Zeitlang bestehen bleiben. Bei diesen Reaktionen handelt es sich um Schutzmaßnahmen, um die Psyche vor Überflutung mit Emotionen zu schützen. Zeigen Einsatzkräfte solche Reaktionen, deutet das auf eine hohe psychische Belastung im Einsatz hin und sollte bei den Regenerationsbemühungen berücksichtigt werden.

Abwendung der Gefahr

Wenn die Gefahr abgewendet wurde, werden die Mechanismen des AVS beendet und der Betroffene kann seine Handlungen wieder bewusster steuern. Häufig wird nach dem erfolgreichen Bestehen einer solchen Situation Erleichterung, Freude und Stolz empfunden. Außerdem kann das Selbstbewusstsein gestärkt werden und der Drang nach Herausforderungen steigt. Das Verhalten, das zur Abwendung der Gefahr geführt hat, wird gespeichert. Dadurch lernt der Mensch, in Zukunft auf ähnliche Situationen vergleichbar reagieren zu können. So können sich Routinen ausbilden, die in zukünftigen vergleichbaren Situationen dafür sorgen können, dass diese nicht als Bedrohung wahrgenommen werden und das AVS nicht die Kontrolle übernimmt. Dadurch wird es möglich, zielgerichtet und bewusst, statt instinktiv zu handeln. Deshalb wird Neues auch am besten gelernt und

3 Das Alarmsystem des Menschen

behalten, wenn es eine (emotionale) Relevanz hat und hilft, schwierige Situationen zu bestehen.

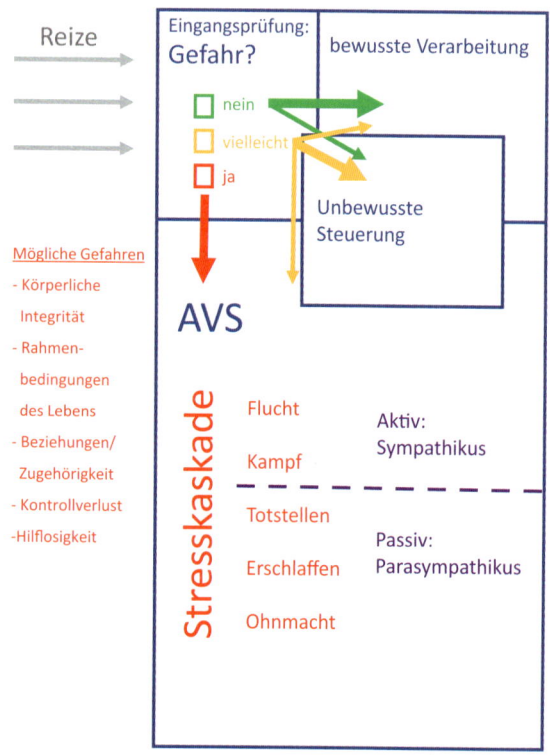

Bild 1: *Das AVS als einfaches Modell*

3.6 Zusammenfassung

Das Alarm- und Verteidigungssystem ist die neuroendokrine Stressantwort mit Hilfe derer der Mensch auf alle potenziell gefährlichen Situationen reagiert. Solche, zumindest gefühlten, Gefahren können aus einer Vielzahl an Ereignissen resultieren, das AVS reagiert also sehr niederschwellig. Dabei muss nicht einmal das Individuum selbst betroffen sein, das Miterleben von Tod, Krankheit, Verletzung oder Elend reicht aus. Das AVS erhöht zunächst die Aktivität des Sympathikus, woraus beispielsweise höherer Blutdruck und schnellerer Puls resultieren. Die Reaktionen lassen sich nicht willkürlich steuern, es kann zu instinktiven Handlungen kommen, die für Außenstehende nicht immer nachvollziehbar sind. Im Rahmen der Gefahrenabwehr durchläuft der Betroffene die Stresskaskade. In den ersten Stufen versucht sich das Individuum aktiv durch Kampf oder Flucht zur Wehr zu setzen. Erst wenn es scheinbar keine Handlungsoptionen mehr gibt, reagiert der Betroffene mit einer Shutdown-Reaktion, bei der die Aktivität des Parasympathikus verstärkt wird. Dadurch kann es zu Dissoziation kommen, der Betroffene ist dann kaum noch ansprechbar. Wenn die Gefahr erfolgreich überstanden wurde, speichert sich der Mensch das zielführende Verhalten und wird in zukünftigen ähnlichen Situationen vergleichbar reagieren.

4 Einsatzkräfte: Besondere Situation

Einsatzkräfte sind durch ihre Arbeit mit besonderen Situationen konfrontiert und dadurch höheren Belastungen ausgesetzt. Auch wenn im letzten Kapitel bereits auf Einsatzkräfte eingegangen wurde, sollen im Folgenden die wichtigsten Aspekte zusammengefasst und vertieft werden.

4.1 Einsätze als belastende Situation

Dass es sich bei Einsätzen um belastende Situationen handeln kann, ist eigentlich jedem Beteiligten klar. Doch wie unterscheiden sich Einsätze von anderen Situationen und was macht sie so belastend?

Dafür sind zum einen selbstverständlich die Rahmenbedingungen verantwortlich: Rettungskräfte werden in der Regel dann tätig, wenn irgendjemand in Not ist oder ein Unglück passiert ist. Das bedeutet zwangsläufig, dass Einsatzkräfte während ihrer Arbeit ständig mit Tod, Elend oder Zerstörung und Menschen in Extremsituationen konfrontiert sind. Zusätzlich wird die Arbeit durch äußere Umstände häufig erschwert und findet unter gefährlichen Bedingungen statt. Doch neben diesen Rahmenbedingungen bergen Einsätze weiteres Potenzial, das AVS zu strapazieren. In der Literatur wird eine Situation als besonders stressreich beschrieben, wenn sie unvorhersehbar, unkontrollierbar oder uneindeutig ist und mit negativen Folgen assoziiert wird. Genau das trifft auf die meisten Ereignisse zu, aus denen Einsätze resultieren: Ihr Eintreten ist quasi unvorhersehbar, der Verlauf lässt sich meist weniger kontrollieren als gewünscht und die jeweilige Lage ist zu Beginn nicht eindeutig. Auch resultieren in den meisten Fällen negative Folgen, wenn auch selten für die Einsatzkräfte persönlich, so werden sie doch mit den Auswirkungen konfrontiert. Bei all diesen Situationen wird das Alarm- und Verteidigungssystem aktiv. Dadurch ist das AVS bei Einsatzkräften deutlich reger beansprucht als beim Durchschnitt der Bevölkerung. Das Problem hierbei ist, dass das AVS als Notfallprogramm ausgelegt und deshalb nicht für den Dauerbetrieb geeignet ist. Es braucht nach jeder Aktivität eine gewisse Zeit, um wieder auf Normalbetrieb herunterzufahren. Wenn es diese Zeit nicht hat, kann das dazu führen, dass das Erlebte nicht ausreichend verarbeitet wird und sich die Belastungen für Einsatzkräfte dadurch kumulieren (Krampl 2007).

4.2 Hilflosigkeit und Schuldgefühle

Für das Individuum scheinen Situationen am bedrohlichsten, wenn sich der Betroffene hilflos gegenüber der Gefahr sieht. Hilflosigkeit begünstigt die Entstehung von Shutdown-Reaktion in der Stresskaskade, die als besonders belastend empfunden werden und eine hohe Gefahr aufweisen, dass der Betroffene später unter psychischer Belastung leidet. Auch wenn, wie bereits im entsprechenden Kapitel erwähnt, Einsatzkräfte, die nicht selbst Betroffene sind, selten eine Shutdown-Reaktion erleben, ist das Problem der Hilflosigkeit für

4 Einsatzkräfte: Besondere Situation

Einsatzkräfte trotzdem relevant: Deren Selbstverständnis ist es, in Notsituationen tätig zu werden und helfen zu können. Gelegentlich sind sie aber mit Situationen konfrontiert, in denen sie entweder nicht helfen können (beispielsweise durch fehlende Spezialausrüstung) oder nicht mehr geholfen werden kann (beispielsweise, weil der Patient schon verstorben ist). Auch können Einsatzkräfte den Verlauf der Lage nur bedingt beeinflussen: Ein Schwerverletzter kann trotz aller Bemühungen versterben oder ein Feuer auf ein benachbartes Objekt übergreifen, wenn nicht genügend Feuerwehreinsatzkräfte zur Verfügung stehen. Das Selbstverständnis, helfen zu können, kann aber dazu führen, dass die Einsatzkraft den negativen Ausgang eines Einsatzes fälschlicherweise auf die eigene, scheinbar fehlende, Kompetenz zurückführt. Man beschreibt dieses Phänomen als Egozentrismus. Die betroffene Person leidet unter Schuldgefühlen, die das eigene Selbstbild langfristig beschädigen können. Das kann dazu führen, dass die Betroffenen sich selbst als unfähige Einsatzkraft sehen, unsicher werden und somit das Stressempfinden bei zukünftigen Einsätzen steigt (Krampl 2007).

4.3 Alltagsbelastung

Zusätzlich zu den Belastungen, die aus der Konfrontation mit Einsätzen und Schuldgefühlen entstehen, arbeiten Einsatzkräfte unter schwierigen Bedingungen. Hauptamtliche Einsatzkräfte verrichten ihre Arbeit meist im Schichtdienst und zu ungünstigen Zeiten, womit viele Einschränkungen des Privatlebens und des Schlafrhythmus einhergehen. Die Arbeitszeit ist

4.3 Alltagsbelastung

durch Bereitschaftszeiten oft höher als bei sonstigen Arbeitnehmern, die Arbeitsbelastung kann stark schwanken. Ehrenamtliche Kollegen sind in der Regel ständig alarmierbar, werden im Einsatzfall aus ihrem Alltag herausgerissen und verrichten auch nach einem anstrengenden Nachteinsatz ihren normalen Beruf. Dies sind nur einige wenige Beispiele für die hohe Alltagsbelastung, unter denen Einsatzkräfte leiden können.

Merke:
Bei Einsatzkräften kommen also eine Reihe von Belastungen zusammen: Die Konfrontation mit Extremereignissen, das kumulierte Erleben von Stress durch häufige Aktivität des AVS, überzogene Schuldgefühle und eine hohe Alltagsbelastung.

5 Verarbeitung von Belastung

Einsatzkräfte sind häufig mit psychisch belastenden Situationen konfrontiert. Nach solch einer Situation ist das AVS noch eine gewisse Zeit aktiv, abhängig davon, wie bedrohlich die Situation erlebt wurde. Während dieser Überregungsphase kommt es häufig zu Problemen beim Ein- und Durchschlafen und allgemeiner Unruhe, gelegentlich auch zu Gefühlsschwankungen, Weinkrämpfen oder Aggressivität.

Erlebt jemand außergewöhnlich bedrohliche Situationen, müssen die Eindrücke in Ruhe verarbeitet werden. Die Verarbeitung erfolgt zu einem Teil dadurch, dass die Geschehnisse im Gedächtnis in einen Rahmen einsortiert werden müssen, der Orientierung gibt. Das heißt, es muss verstanden und abgespeichert werden, was wann, wo und wie genau passiert ist. Diese »Integration des Geschehenen« gehört zum normalen Verarbeitungsprozess und erfolgt dadurch, dass die Erinnerungen immer wieder gedanklich durchgearbeitet werden. Das kann auch durch wiederkehrende Erinnerungen, zum Beispiel in Form von Flashbacks, Intrusionen oder Alpträumen geschehen. Diese Gefühle werden naturgemäß als unangenehm erlebt, gehören aber zu einem gewissen Grad zum gesunden Verarbeitungsprozess dazu. Diese Verarbeitung geschieht in Ruhepausen, die ein Mensch nach dem Stresserleben braucht. Wird jemand zu häufig mit stressauslösenden Situationen konfrontiert, können diese zu einer dauerhaften Überregung führen. Hier zeigt sich auch das Problem des kumulierten Stresses, dem Einsatzkräfte häufig ausgesetzt sind.

5 Verarbeitung von Belastung

Obwohl es sich um normale Reaktionen auf unnormale Situation handelt, erleben viele Menschen diese verständlicherweise als bedrohlich. Es entsteht das Gefühl, nicht normal zu sein, gar verrückt zu werden oder nach einer traumatischen Erfahrung nie wieder ein normales Leben führen zu können. Häufig besteht dann zusätzlich die Angst, der eigenen Existenzgrundlage beraubt zu werden, etwa durch Arbeitsunfähigkeit. Oft entsteht das falsche Gefühl, diesen Belastungen hilflos ausgesetzt zu sein. Wie im vorherigen Kapitel gezeigt, löst besonders das Gefühl der Hilflosigkeit eine starke Reaktion des AVS und damit gleichzeitig hohen Stress aus. So kann es vorkommen, dass durch einen externen Reiz ausgelöstes Stressempfinden verstärkt durch das Gefühl der Hilflosigkeit noch stärkeren Stress verursacht und es folglich zu einem Teufelskreis kommt. Daher ist es für Einsatzkräfte wichtig, mit der grundlegenden Arbeitsweise des AVS vertraut zu sein, wodurch die eigenen Reaktionen besser eingeschätzt werden können. Durch das Selbstverständnis einer Person, dass ihre Reaktionen normale Verhaltensweisen auf eine außergewöhnliche Situation sind, kann das Risiko einer gravierenden Störung vermindert werden.

6 Folgen von Belastungen

Die meisten Menschen, die eine traumatische Erfahrung gemacht haben, können diese gut verarbeiten und entwickeln keine psychischen Schäden. Allerdings sind Einsatzkräfte besonderen Belastungen ausgesetzt, die das Risiko von negativen Folgen erhöhen. Welche Folgen das seien können und wie sich diese unterscheiden lassen, wird in diesem Kapitel erläutert. Aber auch die positiven Erfahrungen, die Einsatzkräfte im Alltag häufig machen, sollen nicht unerwähnt bleiben.

Der Begriff »Trauma« wird umgangssprachlich häufig verwendet: »Er hat ein Trauma« oder »Sie hat ein Trauma erlebt«. Diese Aussagen sollen ausdrücken, dass jemand etwas besonders Belastendes erlebt hat und darunter leidet. Dazu kursieren einige (falsche) Vorstellungen zu dem Begriff »Trauma«, beispielsweise dass jeder, der etwas Schlimmes erlebt hat traumatisiert ist oder dass man einem Trauma hilflos ausgeliefert ist.

Doch was soll ein Trauma genau sein und wie macht es sich bemerkbar? Der Begriff »Trauma« ist griechischen Ursprungs, bedeutet Wunde und wird in der Medizin heute verwendet, um eine Verletzung zu beschreiben. Unter einem »psychischen Trauma« werden umgangssprachlich mehrere Krankheitsbilder und Symptome zusammengefasst. Diese Krankheitsbilder werden in der internationalen Krankheitsklassifikation (ICD) der Weltgesundheitsorganisation aufgeführt. Nach den Definitionen der ICD werden Krankheiten diagnostiziert und deren Behandlung mit den Kostenträgern abgerechnet. Zusätzlich zur ICD werden psychische Erkrankungen im »Diagnostical and Statistical Manual of Mental Disorders«-Katalog (DSM) definiert, der von der Amerikanischen psychiatrischen Gesellschaft herausgegeben wird. Die Krankheitsbeschreibungen von DSM und ICD unterscheiden sich teilweise. Die relevanten Krankheitsbilder werden im Verlauf beschrieben. Die in diesem Werk beschriebenen Krankheitsdefinitionen sind allerdings nicht vollständig und sollen nur einen ersten Überblick über die verschiedenen Traumafolgestörungen geben. Viele der Situationen, die Einsatzkräfte erleben, können Traumafolgestörungen hervorrufen. Es handelt sich dabei um Reaktionen auf ein »überwältigendes traumatisches Erlebnis« (ICD 10), das vom Betroffenem als Bedrohung der eigenen Sicherheit wahrgenommen wurde. In solchen sicherheitsbedrohenden Situationen durchläuft das AVS die Stresskaskade. Wenn es sogar zu einer Shutdown-Reaktion kommt, also sich der Betroffene der Gefahr gegenüber hilflos sieht, dann ist die Wahrscheinlichkeit für die Ausprägung von Traumafolgestörungen deutlich höher. Erfahrungsgemäß reicht es auch aus, solch eine Situation mitzuerleben, um Traumafolgestörungen zu entwickeln, auch wenn dies der Definition nach ICD nicht zu entnehmen ist. Dies ist bei Einsatzkräften häufiger der Fall, da diese seltener selbst bedroht sind.

6.1 Akute Belastungsreaktion

Die akute Belastungsreaktion ist eine häufig vorkommende Traumafolgestörung und in der ICD 10 als »eine vorübergehende Störung von beträchtlichem Schweregrad, die sich

Folgen von Belastungen

bei einem psychisch nicht manifest gestörten Menschen als Reaktion auf eine außergewöhnliche physische oder psychische Belastung entwickelt, und die im Allgemeinen innerhalb von Stunden oder Tagen abklingt« (ICD 10) beschrieben. Es handelt sich also um die normale Reaktion eines gesunden Menschen auf eine besondere Situation.

Die betroffenen Personen können verschiedene, oft wechselhafte Phasen von Überregung bis hin zur »Schockstarre« durchlaufen. Während der Schockstarre wirken die Betroffenen wie betäubt, desorientiert und unaufmerksam. Ihre Reizaufnahme ist verringert und die Interaktion mit der Umwelt ist eingeschränkt. Der Überregungszustand zeigt sich durch allgemeine Unruhe, Überaktivität, Angst- und Stresssymptome sowie möglicherweise Fluchttendenz. Die Symptome treten oft innerhalb von Minuten nach dem Ereignis auf und lassen in der Regel nach spätestens wenigen Tagen wieder nach. In der Praxis zeigen sich noch weitere Symptome, die in der Tabelle 3 zusammengefasst werden.

Auch wenn die akute Belastungsreaktion als Krankheitsbild in der ICD 10 definiert ist, handelt es sich normalerweise nicht um eine behandlungsbedürftige Erkrankung und wird deshalb in der zukünftigen Version voraussichtlich nicht mehr unter den psychischen Störungen aufgeführt, sondern unter den gesundheitsbeeinflussenden Faktoren. Die Betroffenen benötigen normalerweise keine langfristige Therapie, sondern vielmehr praktische Hilfe, um zur Normalität zurückzukehren. Dazu gehört beispielsweise die Wiederherstellung der sozialen Bezugssysteme (ICD 11).

6.1 Akute Belastungsreaktion

Tabelle 3: *Akute Belastungsreaktion*

Akute Belastungsreaktion	
Auftreten: Direkt oder kurz nach dem Ereignis	**Nachlassen:** Stunden bis wenige Tage
»Schockstarre« und Überregung können sich abwechseln	
Häufige Symptome:	
Körperlich: Erschöpfung, Andauernde Nervosität, Schreckhaftigkeit, Übelkeit, Weinkrämpfe, Schlafstörungen/Albträume	**Emotional:** Gefühl von Unwirklichkeit/ »neben sich stehen«, nichts oder wenig fühlen, Wut, Trauer, Verzweiflung Angst, Reizbarkeit/Launenhaftigkeit, Überempfindlichkeit, depressive Gefühle
Gedanklich: Konzentrationsprobleme, Lückenhafte Erinnerung, aufdrängende Erinnerungen und Bilder	**Verhalten:** Rückzug, Vermeidung von Situationen, mehr Alkohol oder Rauchen, übertriebene Wachsamkeit

Die im Einsatz erlebten Situationen reichen meistens nicht aus, um bei den Einsatzkräften eine akute Belastungsstörung nach der Definition der ICD auszulösen und diese diagnostizieren zu können. Trotzdem leiden diese regelmäßig unter (einzelnen) Symptomen der Belastungsreaktion, die auf jeden Fall ernst genommen werden sollten. Auch die vielen Alltagsbelastungen von Einsatzkräften können summiert Belastungsreaktionen auslösen und zu erheblichen Beeinträchtigungen führen (Arndt 2012).

6.2 Posttraumatische Belastungsstörungen

Bilden sich die Belastungsreaktionen nach spätestens einem Monat nicht zurück, kann es sich um eine akute Posttraumatische Belastungsstörung (PTBS) handeln. Im Unterschied zur akuten Belastungsreaktion handelt es sich hierbei um eine behandlungsbedürftige Erkrankung. Vordergründig stehen drei Hauptsymptomgruppen: Intrusion, Vermeidungsverhalten und Hyperarousal.

Intrusionen sind spontane, ungewollt auftretende Erinnerungen an das Trauma, die als belastend erlebt werden. Diese Erinnerungen können mit heftigen Gefühlsausbrüchen verbunden sein, die dem Betroffenen das Gefühl geben, das Trauma wiederholt zu erleben. In diesem Fall spricht man von Flashbacks. Diese können durch bestimmte Trigger, also sensorische Schlüsselreize wie Bilder, Gerüche oder Geräusche, ausgelöst werden. Die Flashbacks gehen mit physiologischen Alarmreaktionen einher, zum Beispiel Schwitzen, Zittern oder Herzklopfen. **Vermeidungsverhalten** zeigt sich dadurch, dass der Betroffene Situationen vermeidet, die an das Trauma erinnern. Auch Gefühle und Gedanken, die mit dem Trauma zusammenhängen, werden unterdrückt. Diese Strategie ist kraftaufwendig und verhindert die Verarbeitung des Geschehenen (Schauer, Neuner und Elbert 2011). **Hyperarousal** ist eine Überregung des vegetativen Nervensystems. Das in der kritischen Situation hochgefahrene AVS bleibt aktiv, obwohl die Gefahr gebannt ist. Dadurch kommt es zu Schlafstörungen, Reizbarkeit und Wutausbrüchen, Konzentrationsschwierigkeiten oder Schreckhaftigkeit.

6.3 Subsyndromale Bedrohungen

Die PTBS geht nach Definition der ICD immer mit dem Erleben einer »Situation von außergewöhnlicher Bedrohung oder katastrophenartige[m] Ausmaß« (ICD 10) einher. In dem DSM wird für eine Diagnose das Gefühl von intensiver »Furcht, Hilflosigkeit oder Entsetzen« (ICD 10) gefordert. Einsatzkräfte erleben im Einsatz seltener solche starken Gefühle oder sind solchem katastrophenartigen Geschehen ausgesetzt. In der Neufassung des DSM wird diesem Umstand Rechnung getragen. Die Diagnosekriterien sind dort deutlich weiter gefasst. Hinreichend für eine solche Diagnose ist dort bereits, wenn jemand Augenzeuge eines traumatischen Ereignisses wurde oder davon erfahren hat (Gerngroß 2015a). Häufiger leiden die Betroffenen wie bei der akuten Belastungsreaktion unter einzelnen Symptomen der PTBS und entwickeln diese nicht völlig ausgeprägt. Eine Studie zeigt, dass von 351 untersuchten Polizeibeamten 36 an solchen subsyndromalen Beeinträchtigungen leiden und lediglich bei zwei der Verdacht auf eine Posttraumatische Belastungsstörung gestellt werden kann (Arndt 2012). Trotzdem sollten diese subsyndromalen Beeinträchtigungen beachtet werden. Eine PTBS sollte in jedem Fall professionell diagnostiziert und behandelt werden.

6.3 Subsyndromale Bedrohungen

In den letzten Abschnitten wurden die akute Belastungsreaktion und die PTBS erläutert. Beide zeigen sich verhältnismäßig selten in der Vollausprägung bei Einsatzkräften, diese leiden aber trotzdem an Folgen ihrer traumatischen Erlebnisse. Die Bandbreite an Symptomen und individueller Ausprägung ist groß: Neben den subsyndromalen Ausprägungen der bereits beschriebenen Krankheiten kann es zu weiteren Problemen kommen, die teilweise bereits im Verlauf beschrieben wurden und deshalb zur besseren Übersichtlichkeit hier kurz zusammengefasst werden:

- **Überregung** kann durch die häufige Aktivität des AVS während Einsätzen ausgelöst werden. Dadurch können einzelne Erlebnisse nicht ausreichend verarbeitet werden und es kann zu gravierenden gesundheitlichen Folgen kommen.
- **Gefühllosigkeit** kann im Rahmen der Verarbeitung von stressreichen Situationen auftreten. Dadurch soll eine Überlastung der Psyche vermieden werden. Auch fehlende Erinnerungen können diesen Zweck erfüllen, vergleichbar der Dissoziation im Rahmen der Stresskaskade.
- **Angst** spielt als Folge von häufiger Konfrontation mit potenziell traumatisierenden Ereignissen eine große Rolle. Durch die häufige Konfrontation mit schweren Schicksalen kann das eigene Sicherheitsgefühl stark beeinträchtigt werden. Das Wissen, dass ständig etwas passieren kann, versetzt die Betroffenen in ständige Alarmbereitschaft und katastrophenhafte Gedanken in Bezug auf das eigene Leben und das der Bezugspersonen können zunehmen.
- **Selbstzweifel, Selbstvorwürfe und Schuldgefühle** treten aufgrund des bereits beschriebenen Egozentrismus auf. Einsatzkräfte haben das Selbstverständnis, helfen zu können und beziehen

dadurch negative Entwicklungen fälschlicherweise auf die eigene fehlende Kompetenz. Dadurch kann das Selbstbild als professionelle Einsatzkraft untergraben werden.

Aber auch weitere Erkrankungen und Begleitsymptome können bei Einsatzkräften auftreten, ausgelöst durch die besondere Belastung.

6.4 Burnout

Burnout beschreibt den Zustand chronischer körperlicher oder seelischer Erschöpfung ausgelöst durch außerordentliche Belastung im beruflichen oder privaten Alltag bei ansonsten gesunden Menschen. Dabei handelt es sich lediglich um eine Zusatzdiagnose und nicht um eine anerkannte Krankheit. Deshalb gibt es auch keine einheitliche Definition. Allerdings werden drei Symptombereiche am häufigsten beschrieben:

- **Erschöpfung**: Überforderung, Müdigkeit oder Niedergeschlagenheit. Kann sich auch durch Schmerzen bemerkbar machen, beispielsweise im Magen-Darm-Trakt.
- **Entfremdung von der Tätigkeit**: Die Arbeit wird zunehmend als belastend und frustrieren erlebt. Deshalb wird eine zunehmende emotionale Distanz zur Arbeit aufgebaut und es kann zu einer zynischen Haltung gegenüber der Arbeit, den Arbeitsbedingungen, den Patienten oder Kollegen kommen.

6 Folgen von Belastungen

- **Verringerte Leistungsfähigkeit**: Das Gefühl, den Anforderungen nicht mehr gewachsen zu sein, kann wiederum Stress auslösen und zu einem Teufelskreis führen.

Die Ursache für eine Burnout-Symptomatik ist ein unausgeglichenes Verhältnis zwischen Anforderungen und persönlichen Bewältigungsmöglichkeiten. Die Anforderungen können beispielsweise durch überhöhte Erwartungen zustande kommen, etwa wenn jemand mit zu vielen zeitintensiven Aufgaben betraut ist oder aber, wie beinahe alle anderen Probleme, durch die Vielzahl an belastenden Einsätzen, zumindest dann, wenn die Einsatzkräfte nicht gut darin geschult sind, die Belastungen zu verarbeiten und sich innerlich distanzieren zu können. Die bei der Entstehung des Ungleichgewichts relevanten inneren und äußeren Faktoren sind in der folgenden Übersicht aufgelistet:

Tabelle 4: *Innere und äußere Faktoren*

Innere Faktoren	Äußere Faktoren
sehr hohe Erwartungen an sich selbst, ausgeprägter Ehrgeiz, Streben nach Perfektion, starkes Bedürfnis nach Anerkennung	hohe Anforderungen, hohe Arbeitsbelastung, fehlende Wertschätzung, mangelnde Entscheidungsfreiheit, wenig Einfluss auf Arbeitsablauf, (zu) viel Verantwortung, Rollenunklarheit

Viele Rettungskräfte werden sich und ihre alltägliche Situation in der Beschreibung wiederfinden. Studien belegen, dass die Burnout-Symptomatik für diese ein weit verbreitetes Problem darstellt. Auch wenn es sich dabei nicht um eine eigenständige Erkrankung handelt, kann es sich um einen »Frühindikator für langfristige Einschränkungen des Wohlbefindens« (Beerlage 2017, S. 169) handeln und das »Nachlassen des beruflichen und ehrenamtlichen Engagements und der Verbundenheit mit der Organisation« (ebd.) nach sich ziehen. Ein Mitarbeiter, gleich ob ehrenamtlich oder hauptamtlich, kann seinen Enthusiasmus verlieren und der Organisation mittel- und langfristig nicht mehr mit vollem Engagement zur Verfügung stehen.

6.5 Sonstige Folgen und Erkrankungen

Eine Reihe weiterer Erkrankungen kann bei Einsatzkräften auftreten. Diese sollen hier zur groben Orientierung kurz angerissen werden.

Anpassungsstörungen
Nach einem einschneidenden Erlebnis, dass nicht dem Ereigniskriterium einer PTBS entspricht, kann bei Vorliegen bestimmter Symptome eine Anpassungsstörung diagnostiziert werden. Voraussetzung dafür ist das subjektiv empfundene Leiden auf emotionaler Ebene. Folgen einer Anpassungsstörung können verminderte Leistungsfähigkeit und die Beeinträchtigung des sozialen Lebens sein. Diese Probleme äußern sich durch Rückzug, Angst, depressive Symptomatik und kör-

perliche Beeinträchtigung, ohne dass eine körperliche Erkrankung vorliegt. Die Symptome müssen dabei definitionsgemäß innerhalb eines Monats auftreten und nach maximal sechs Monaten abgeklungen sein, ansonsten muss eine andere Diagnose gestellt werden (Heedt 2017, Disse 2015).

Sucht
Viele der Symptome, die durch psychische Belastung entstehen, können zunächst durch die Einnahme von Medikamenten, Alkohol oder anderen Drogen beruhigt oder unterdrückt werden. Dazu gehören beispielsweise Unruhe, Angst, Schlafprobleme, Hilflosigkeitserleben, unangenehme Erinnerungen, Minderwertigkeitsgefühle oder depressive Stimmung. Durch die Einnahme von Alkohol und ähnlichem werden die Erinnerungen unterdrückt, aber die Verarbeitung der Eindrücke gestört sowie die Erholung und Regeneration verzögert. Dadurch können Betroffene leicht in Suchtverhalten verfallen.

Depression
Bei nahezu der Hälfte der Menschen, die unter einem schweren Verlauf einer PTBS leiden, wird gleichzeitig eine Depression festgestellt. Die Symptome einer PTBS und einer Depression sind teilweise sehr ähnlich, beispielsweise Vermeidungsverhalten, Rückzug, Interessensverlust, Schlafstörung und Schuldgefühle. Studien über Belastungsfolgen bei Einsatzkräften weisen darauf hin, dass diese häufig unter depressiven Verstimmungen leiden, was nicht gleichzusetzen ist mit dem Vollbild einer Depression. Trotzdem sollten sich Betroffene, die unter länger anhaltenden depressiven Gefühlen leiden, professionellen Rat einholen.

6.5 Sonstige Folgen und Erkrankungen

Körperliche Erkrankungen und somatoforme Störungen
Eine ständige Stressbelastung kann einige körperliche Probleme zur Folge haben. Dazu gehören beispielsweise Bluthochdruck oder Magen-Darm-Beschwerden. Bluthochdruck ist als Risikofaktor für eine Vielzahl von Folgeerkrankungen wie Herzinfarkte und Schlaganfälle bekannt. Auch der Schichtdienst und regelmäßige Einsätze zu Nachtzeit können zu Schlafstörungen, ungesundem Essverhalten und anhaltender Erschöpfung führen.

Soziale Probleme
Die Reaktionen eines Betroffenen auf Stresserleben können nicht nur für ihn selbst, sondern auch für sein soziales Umfeld unverständlich sein. Gefühlsschwankungen, Reizbarkeit, Aggression, Unruhe oder schlechte Laune sind natürlich auch für Angehörige und Freunde schwierig auszuhalten. Durch das erhöhte Erregungslevel ist der Betroffene nicht belastbar und es fehlt die Möglichkeit, gelassen zu reagieren. Das kann zu Unverständnis und Konflikten führen. Oft distanziert sich der Betroffene selbst, da er sich unverstanden fühlt, nicht über das Ereignis reden möchte oder durch den Kontakt zu Kameraden nicht an das Geschehene erinnert werden will. Gefühle von Unwirklichkeit und Losgelöstheit können eine gefühlte Entfremdung von nahestehenden Personen zur Folge haben. Menschen sind in solchen Situationen häufig mit sich selbst beschäftigt und wenden sich im Rahmen der Verarbeitung den Vorgängen in ihrem Inneren zu. Dadurch verlieren sie die Aufmerksamkeit für nahestehende Personen, die sich dadurch vernachlässigt fühlen können, was zu einer weiteren Belastung der sozialen Beziehung führen kann. Auch die Arbeit im

Schichtdienst oder ein starkes Engagement in einer Freiwilligen Feuerwehr können zu Problemen innerhalb einer Familie, Partnerschaft oder Freundeskreises führen. Da aber besonders die Einbindung in ein soziales Netz und die Unterstützung durch Nahestehende für die Erholung und Stabilisierung von erheblicher Bedeutung sind, kann auch hier schnell ein Teufelskreis entstehen.

Suizidalität
Eine schwere PTBS oder Depression, der Verlust von Familie und Freunden, das Gefühl von Einsamkeit, das Nachlassen von Hoffnung, Interesse oder Antrieb, Schuld- und Schamgefühle, eine mangelnde Unterstützung oder die Unfähigkeit, Hilfe anzunehmen, das Gefühl von Entfremdung und Unverstandensein gepaart mit qualvollen Symptomen wie Flashbacks und Intrusionen können zu Suizidgedanken oder im schlimmsten Fall zum Suizid führen. Die Suizidrate ist bei Depression deutlich erhöht, bei einer PTBS wird ein Zusammenhang zumindest vermutet.

6.6 Positive Folgen

Selbstverständlich beschäftigen wir uns im Rahmen dieses Werkes hauptsächlich mit den negativen Folgen der starken psychischen Belastung von Einsatzkräften. Keinesfalls soll aber das Gefühl entstehen, dass alle Beteiligten zwangsläufig an den Folgen leiden und irgendwann erkranken. Es soll an dieser Stelle nochmals erwähnt werden, dass die meisten Menschen

6.6 Positive Folgen

psychisch belastende Situationen gut mit den ihnen zur Verfügung stehenden Mitteln verarbeiten können.

Die Arbeit in der Gefahrenabwehr kann erfüllend sein, Spaß machen und uns immer wieder vor neue, interessante Herausforderungen stellen. Wir persönlich können an den neuen Aufgaben wachsen, unser Selbstbewusstsein verstärkt sich und wir lernen, mit schwierigen Situationen umzugehen. Eine große Zahl an Einsätzen verläuft positiv, wir erleben Erfolgsgefühle und können stolz auf unsere Tätigkeit sein.

Durch die Arbeit bekommt das eigene Leben häufig einen neuen Sinn und einen ganz anderen Stellenwert, wenn man lebensbedrohliche Situationen miterlebt hat und die eigene Gesundheit nicht für selbstverständlich erachtet. Die Beziehung zu Kollegen und Kameraden intensiviert sich durch hervorragende Teamarbeit und das gemeinsame Durchstehen von schwierigen Einsätzen. Häufig entstehen dabei neue Freundschaften.

7 Moderatorvariablen und Ressourcen

Im letzten Kapitel wurden die möglichen Folgen eines traumatischen Erlebens und der ständigen Belastung von Einsatzkräften beschrieben. Ob ein Mensch ein Folgeproblem oder eine Folgestörung entwickelt, hängt davon ab, ob genügend Ressourcen zur Stressbewältigung vorhanden sind. Man kann sich das Zusammenspiel von Belastung und Ressourcen als Waage vorstellen: Je schwerer die Belastung, desto mehr Bewältigungsmöglichkeiten müssen zur Verfügung stehen. Wenn die Bewältigungsmöglichkeiten nicht mehr ausreichen und die Belastung überwiegt, kommt es zu Folgeproblemen oder Erkrankungen.

Die persönlichen Ressourcen, die zur Traumabewältigung zur Verfügung stehen, sind abhängig von der Persönlichkeit und den Lebensumständen, aber auch von der Organisation, in der man arbeitet und den Rahmenbedingungen, die man dort für seine Arbeit findet. So entsteht ein Dreieck, das deutlich machen soll, dass die Einsatzbelastungen auf den Punkten Organisation und Individuum lasten und diese jeweils in Beziehung zueinanderstehen. Die einzelnen Punkte werden im Folgenden genauer erläutert, dann wird auch die Beziehung klarer. Es ist wichtig, sich mit diesen Punkten auseinander zu setzten, da all das die Stellschrauben sind, an denen im Rahmen von Präventionsmaßnahmen gedreht werden kann.

7.1 Situation

Die erste Ecke und Spitze des Dreiecks unseres Einsatzes bildet die Situation, also beispielsweise der Einsatz. Mit dem Aspekt, welche Situationen und Einsätze belastend sein können, haben wir uns im Rahmen der ersten Kapitel bereits auseinandergesetzt. Stress kommt immer dann auf, wenn der Betroffene eine Bedrohung verspürt. Wenn der Betroffene sich der Situation gegenüber sogar hilflos ausgesetzt sieht, es also zu einem Kontrollverlust kommt, dann ist die Wahrscheinlichkeit für die Erkrankung an einer Traumafolgestörung besonders hoch. Ziel sollte es sein, die Handlungsfähigkeit der Einsatzkräfte zu erhalten. Zusätzliche Faktoren, die die Traumaintensität beeinflussen, sind beispielsweise persönliche Betroffenheit, insbesondere verstärkt durch die Rückführbarkeit auf das eigene Leben.

7.2 Individuum

Die zweite Ecke in unserem Dreieck bildet das Individuum, also die Einsatzkraft selbst mit ihrer Persönlichkeit und ihren Fähigkeiten. Das Individuum ist elementar für die Betrachtung, da es um seine Erlebnisse, Belastungen und Folgen geht. Das eigene Stresssystem ist entscheidend dafür, wie sehr Situationen als Belastung und als Bedrohung wahrgenommen werden. Jeder reagiert anders auf Bedrohung, eskaliert schneller oder langsamer in der Stresskaskade, tritt Herausforderungen gelassener gegenüber oder sieht sich ständig in Gefahr. Auf das eigene Stresssystem haben viele Faktoren Einfluss. Der Grundstein für unser Stresssystem ist bereits genetisch gelegt und wird pränatal und frühkindlich beeinflusst. Der Umgang mit stressigen Situationen verändert sich aber im Laufe des Lebens: jüngere Menschen reagieren in manchen Situationen hilfloser als Ältere. Man lernt schwierige Situation besser zu bestehen, hier zahlt sich die Lebenserfahrung aus. Hat sich bereits die Wahrnehmung etabliert, dass sich die Lage nach schlechten Situationen auch wieder bessern kann, kann diese Erfahrung einen positiven Einfluss auf die Bewältigung der aktuellen Situation haben. Allerdings steigt mit zunehmendem Alter die Rate derer, die an allgemeinen posttraumatischen Symptomen leiden, bis sie bei 50 bis 60-jährigen ihren Höhepunkt erreicht (Karl et al 2012). Führungskräfte, die eine große Verantwortung haben, sind in der Regel in dieser Altersspanne und leiden an einem erhöhten PTBS-Risiko. Der Gedanke, dass altgediente, erfahrene Einsatzkräfte, die »schon alles gesehen haben«, abgehärtet sind und keine Traumatisierung mehr zu Fürchten haben, ist schlicht ein Irrglaube.

Im Alter steigt auch die Häufigkeit von Vorerkrankungen, die allgemeine physische und psychische Fitness und Gesundheit nimmt in der Regel ab. Dadurch wird das Risiko einer problematischen Entwicklung gesteigert. Vorbelastete Menschen erkranken besonders häufig an schwerwiegenden Traumafolgen. Hier spielt auch die Vortraumatisierung eine entscheidende Rolle: Durch die wiederholte Konfrontation mit potenziell traumatisierenden Ereignissen erhöht sich die Gefahr, Belastungsfolgen zu entwickeln. Kritisch wird es besonders dann, wenn zwischen den Ereignissen nicht genügend Zeit liegt, um sich zu erholen und die Geschehnisse adäquat zu verarbeiten. Aber auch andere negative Lebensereignisse, die

7.2 Individuum

in den letzten drei Monaten vor dem Ereignis erlebt wurden und nicht unbedingt traumatische Ausmaße haben, erschweren eine Verarbeitung.

Allerdings besitzt man im Alter auch häufig mehr Berufserfahrung. Da vergleichbare Situationen vielleicht sogar zur Routine geworden sind, bleibt die Handlungsfähigkeit länger erhalten, ein erfahrener Kollege ist häufig nicht so leicht aus der Ruhe zu bringen wie ein Neuling. Außerdem kann es sein, dass die eigenen Ansprüche realistischer werden und man dadurch keine unrealistischen Erfolgsansprüche an sich selbst stellt. Auch erfährt man, dass dem eigenen Können Grenzen gesetzt sind und lernt diese zu akzeptieren. Die vorher beschriebene Egozentrismus-Problematik kann dadurch verringert werden, wodurch die Belastung mit Schuldgefühlen abnehmen kann.

Aber nicht nur das Alter, die Berufserfahrung und die Veranlagung spielen eine Rolle. Eine wesentliche Bedeutung hat, wie der Betroffene mit der Situation und möglichen Folgen umgehen kann. Reden ist eines der wesentlichen Mittel, um Belastungen zu verarbeiten. Der »Grad der kommunikativen Offenheit« meint zum einen die Fähigkeit und Bereitschaft, mit Bezugspersonen über das Erlebte zu sprechen, aber auch die Möglichkeit, Hilfe durch andere zu bekommen, indem man die eigene Situation und Hilflosigkeit mitteilen kann. Ein guter Zusammenhalt in der Gruppe und eine offene Kommunikation über die eigenen Probleme können helfen, Belastungsfolgen vorzubeugen. Verschlossenheit und soziale Isolation sind hingegen Risikofaktoren für Folgebelastungen.

Die soziale Unterstützung, die jemand nach einem belastenden Ereignis durch sein Umfeld erfährt, ist vielleicht sogar die wichtigste Komponente aller protektiven Ressourcen. Diese Hilfe kommt typischerweise von Familie, Freunden, Kollegen und Vorgesetzten und kann vielfältiger Natur sein. Dazu gehört beispielsweise, dass Freunde einen zum gemeinsamen Hobby motivieren oder die Familie auch weiterhin als soziales Konstrukt gut funktioniert und Belastungen auffangen kann. Dass arbeitsbedingte Stressreaktionen durch hilfsbereite Kollegen und Vorgesetzte reduziert werden können, gilt als belegt und könnte besonders innerhalb der Gefahrenabwehr eine wichtige Rolle spielen, da Teamarbeit hier einen hohen Stellenwert besitzt (Schulze 2004). Die Familie bzw. die engsten Bezugspersonen sind in der Regel die wichtigsten Ankerpunkte bei kritischen Lebensereignissen. Sie sind meistens die ersten, die Halt, Sicherheit und Unterstützung gewähren. Durch das funktionierende Netz und den erhaltenen Zuspruch kann das Hilflosigkeitsgefühl verringert werden.

So wichtig die soziale Unterstützung auch ist, sie kann auch negative Auswirkungen haben. Überzogene Bemühungen können »beim Empfänger Gefühle des Versagens, der Unfähigkeit oder Unterlegenheit« (Schulze 2004, S. 66) hervorrufen und das Selbstwertgefühl verringern. Andererseits kann der Betroffene das Gefühl haben, zu wenig oder unangemessen unterstützt zu werden und deshalb enttäuscht oder sogar wütend sein. Bereits vor dem Ereignis bestehende familiäre Konflikte können durch die neue Situation verstärkt werden und so die Verarbeitung massiv erschweren. Für die Angehörigen unverständliche Reaktionen können Konflikte verstärken oder gar aufkommen lassen. Erinnern wir uns an das AVS: Probleme innerhalb der Familie können schnell zu besonders stressreichen Situationen führen.

Neben den privaten Umständen spielt die berufliche Situation ebenfalls eine wichtige Rolle: Wenn diese stabil ist, man sich überwiegend wohl fühlt, gut mit seinen Kollegen und Vorgesetzten auskommt, der tägliche Stress nicht zu hoch ist, man sich ernstgenommen fühlt, dann bildet das einen guten Rahmen, um die Alltagsstruktur aufrechtzuerhalten und Belastungen gut verarbeiten zu können. Hat man jedoch überwiegend Probleme, Konflikte mit Kollegen und Vorgesetzten, muss man um die Arbeitsstelle bangen oder ist anderweitig unzufrieden, wirkt sich das verständlicherweise negativ auf die Belastungsfolgen aus. Diese Punkte lassen sich selbstverständlich auch auf eine Freiwillige Feuerwehr übertragen.

7.3 Organisation

Die dritte Ecke in unserem Dreieck bildet die Organisation, in der man tätig ist. Diese hält Personal und Material vor, um auf bestimmte Einsatzlagen reagieren zu können und bildet damit die Rahmenbedingungen unseres Handelns. Sie nimmt neben den Einsatzkräften als Individuen die wesentliche Rolle beim Erfolg oder Misserfolg eines Einsatzes ein. Aber viele Faktoren, die die Organisation betreffen, tragen auch einen wesentlichen Teil dazu bei, wie gut ihre Mitarbeiter oder Mitglieder belastende Eindrücke verarbeiten können und wie häufig sie an Folgeproblemen leiden.

Zu diesen Faktoren gehören zum einen »harte« Variablen wie Ausrüstung, Ausstattung, Ausbildung, Training und Organisationsaufbau. Klare Strukturen mit festen Zuständigkeiten, funktionierende Kommunikation und sicher funktionie-

7 Moderatorvariablen und Ressourcen

rende Abläufe können genauso wie eine gute Ausstattung und eine fundierte Ausbildung dazu beitragen, dass die Einsatzkräfte ihre Aufgabe zufriedenstellend erledigen können. Durch eine gute Vorbereitung kommt es zu weniger Situationen, in denen sich die Einsatzkraft hilflos fühlt. Bleibt bei jedem nach dem Einsatz ein gutes Gefühl, ist die Gefahr für Belastungsstörung deutlich verringert. Kommt es hingegen durch mangelnde Ausstattung oder nicht funktionierende Zusammenarbeit zu zusätzlichem Stress, kann das negative Spätfolgen begünstigen. Auch das gemeinsame Training und die Ausbildung sind elementar. Einsatzkräfte mit einem guten Wissensstand und Erfahrung geraten nicht so schnell an ihre persönlichen Grenzen, so dass das Hilflosigkeitsgefühl möglichst gar nicht erst aufkommt.

Zu den »weichen« Faktoren in einer Organisation kann man beispielsweise die allgemeine Stimmung, Kameradschaft und Kollegialität zählen. Ist die Beziehung der Einsatzkräfte untereinander gut und kann offen über Probleme und Belastungen gesprochen werden, dann ist das eigene Gefühl meistens auch ein deutlich besseres. Eine gute Grundstimmung und eine positive Einstellung sind hervorragende Grundlagen für ein erfolgreiches Einsatzgeschehen. Dazu gehört auch, wie sehr sich die einzelnen Mitglieder ernstgenommen fühlen und wie hoch die erfahrene Anerkennung und Wertschätzung sind. Fühlen sich die Beteiligten ernst genommen und können durch eigene Ideen und Vorschläge Einfluss auf ihre tägliche Arbeit und das Einsatzgeschehen nehmen, bleibt das Gefühl der Handlungsfähigkeit auch in schwierigen Situationen erhalten.

7.3 Organisation

Der alltägliche Stress, den Einsatzkräfte auch außerhalb von belastenden Einsätzen erleben, wurde bereits als Risikofaktor erwähnt. Die Organisation kann diesen Stress erheblich beeinflussen. Fühlen sich Mitarbeiter durch eine hohe Arbeitsbelastung schon im Alltag am Rande ihrer Kräfte, haben sie wenig Spielraum, um mit besonderen Belastungen umzugehen und diese zu verarbeiten.

Der Umgang mit psychischen Belastungen innerhalb der Organisation wirkt sich ebenfalls auf die Belastungen des Einzelnen aus. Wird bei Problemen Unterstützung angeboten, werden Betroffene ernst genommen und haben sie das Gefühl mit möglichen Belastungen nicht allein zu sein, wirkt sich das präventiv aus.

Im besten Fall erleben die Mitglieder ein soziales Netz durch Vorgesetzte, Kollegen und Kameraden, werden auf schwierige Einsätze vorbereitet und erhalten Unterstützung bei Problemen. Im schlechten Fall erleben sie negative Stimmung, Repressalien, mangelnde Vorbereitung und Ausstattung, ein nicht funktionierendes Team, eine hohe Alltagsbelastung und Unverständnis bei psychischen Problemen. Durch den großen psychischen Druck ist die Gefahr von schwerwiegenden psychischen Erkrankungen deutlich erhöht.

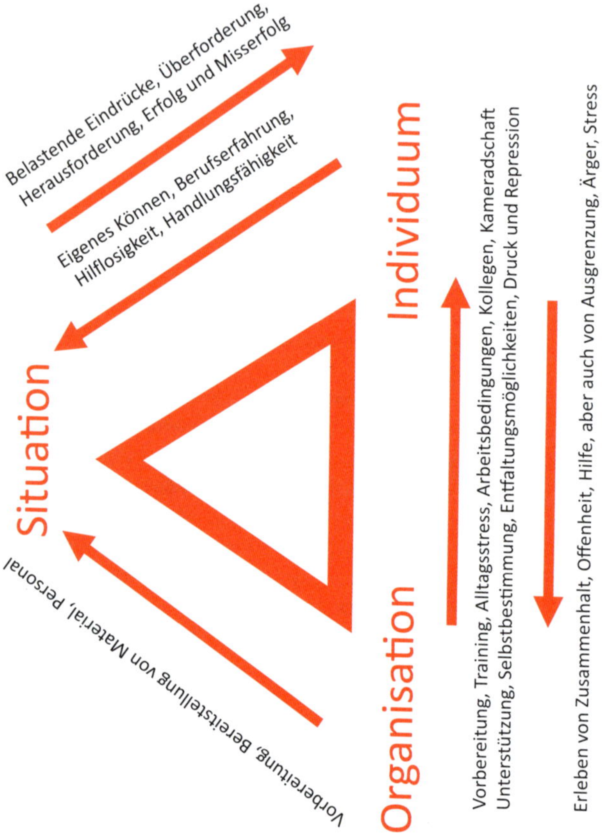

7 Moderatorvariablen und Ressourcen

Situation
- Belastende Eindrücke, Überforderung, Herausforderung, Erfolg und Misserfolg
- Eigenes Können, Berufserfahrung, Hilflosigkeit, Handlungsfähigkeit

Individuum

Organisation
- Vorbereitung, Bereitstellung von Material, Personal
- Vorbereitung, Training, Alltagsstress, Arbeitsbedingungen, Kollegen, Kameradschaft, Unterstützung, Selbstbestimmung, Entfaltungsmöglichkeiten, Druck und Repression
- Erleben von Zusammenhalt, Offenheit, Hilfe, aber auch von Ausgrenzung, Ärger, Stress

Bild 2: *Dreieck Moderatorvariablen*

8 Prävention: Vorbeugung und Bewältigung

Die drei Eckpunkte Einsatz, Individuum und Organisation beeinflussen die psychische Gesundheit der Einsatzkräfte. Im Rahmen der Prävention versucht man die drei Faktoren so zu beeinflussen, dass die Betroffenen möglichst keine Traumafolgen erleiden. Unter dem Begriff der Prävention versteht man alle Maßnahmen zur Vorbeugung von Schäden und der Bewältigung von belastenden Situationen. Es gibt Maßnahmen, die vor, unmittelbar nach oder längerfristig nach dem belastenden Ereignis vom Individuum selbst als auch von der Organisation getroffen werden können. Dabei müssen keineswegs alle hier vorgestellten Maßnahmen umgesetzt werden: Oft ist es schon hilfreich, zunächst einzelne, besonders passend erscheinende Punkte zu beachten und sich auf diese zu konzentrieren. Besonders bemerkenswert ist, dass sowohl die Organisation als auch jeder Einzelne zu jedem Zeitpunkt Maßnahmen zum besseren Umgang mit belastenden Ereignissen treffen kann. So hat man in den allermeisten Fällen die Möglichkeit, seine eigene Situation oder die seiner Organisationsangehörigen zu verbessern.

Auf allen Ebenen der Prävention gilt, dass grundsätzlich die Funktionsweise des AVS berücksichtigt werden sollte. Denn daraus ergibt sich der konstruktive Umgang mit möglichen unangenehmen oder schwerwiegenden Belastungsfolgen oder deren Verhinderung. In den meisten Fällen zielen die Maßnahmen darauf ab, unverhältnismäßig starke oder unkontrollierte AVS-Aktivitäten zu verhindern und nach einer AVS-Reaktion zügig einen Ausgleich zu schaffen.

Dabei sind die folgenden drei Schritte nötig, um mit kritischen Ereignissen umgehen zu können:

I. AVS herunterfahren bzw. nicht unnötig oder unkontrolliert reagieren lassen
II. Gedankliche und emotionale Verarbeitung
III. Regeneration

Alle Präventionsmaßnahmen lassen sich in diesen Schritten wiederfinden. Deshalb lohnt sich eine genauere Betrachtung der einzelnen Punkte.

I. AVS herunterfahren

1. Sicherheit
Das AVS reagiert auf Situationen, die als Bedrohung eingestuft werden. Deshalb ist es wichtig, für eine Umgebung zu sorgen, in der sich das AVS sicher fühlt. Das kann durch die Herstellung von Sicherheit an Ort und Stelle oder das Verbringen in eine sichere Umgebung geschehen. Zusätzlich sollten die Grundbedürfnisse erfüllt sein, um eine weitere Belastung zu verhindern. Durch bestehende oder wieder hergestellte Mitwirkungs- und Einflussmöglichkeiten kann dem AVS das Gefühl der Handlungsfähigkeit vermittelt werden.

Nach einer Belastungssituation kann es hilfreich sein, Routinetätigkeiten aufzunehmen, die gewohnte Tagesstruktur aufrechtzuerhalten und möglichst wieder in den Alltag zu finden. Damit wird dem AVS suggeriert, dass es sich um eine

Standardsituation handelt und keine außergewöhnliche Gefahr droht.

2. Nähe zu zugewandten Menschen
Freundliche Worte, Aufmunterungen oder vertrauensvolle Berührungen verstärken die Ausschüttung von Oxytocin und anderen neuroaktiven Substanzen. Das Hormon Oxytocin vermindert die Sympathikus-Aktivität, verringert also das Stressempfinden und wirkt angstlösend. Außerdem regt es die Ausschüttung von körpereigenen Opioiden an, die sowohl körperliche als auch seelische Schmerzen lindern und Wohlbefinden auslösen (Roth, Stüber 2018). Deshalb kommt dem Kontakt zu freundlich gesinnten, vertrauten Menschen eine zentral wichtige Rolle auf allen Ebenen der Stressbewältigung zu. Hierzu können Familie und Freunde, aber auch Kameraden und Kollegen zählen. Bereits der Gedanke an diese Personen kann für eine Oxytocin-Ausschüttung sorgen. Aber auch die Anerkennung und Wertschätzung durch Vorgesetzte haben einen positiven Einfluss.

3. Informationen
Zu jedem Zeitpunkt einer Krise und bei ihrer Vermeidung gilt: Je mehr Information einem Individuum zur Verfügung stehen, desto weniger Unsicherheit verspürt es und desto höher ist die eigene Handlungsmöglichkeit. Ungewissheit hingegen »quält und öffnet der Fantasie Tür und Tor« (Gerngroß 2015 b, S. 86). Deshalb ist es wichtig, klare Kommunikation über feste Kommunikationsstrukturen zu betreiben und Entscheidungen innerhalb der Organisation transparent zu treffen. Aber auch die Kenntnis über psychische Belastungen und den Umgang mit

ihren Folgen oder die Informationen über Hilfsangebote haben bereits protektiven Charakter.

4. Energie herunterfahren
Die Sympathikus-Reaktion, die durch das AVS angestoßen wird, stellt dem Körper Energie zur Verfügung. Wenn diese nicht zur Abwehr der Gefahr gebraucht wird, muss sie anderweitig abgebaut werden. Dazu können Sport und andere körperliche Tätigkeiten dienen. Aber auch gezielte Körperübungen (z.B. bewusstes Atmen, Strecken oder Schütteln) können die Sympathikus-Reaktion beeinflussen und vermindern. Bewusste Entspannung hat häufig einen ähnlichen Effekt, kann aber bei traumatisierten Personen Angst auslösen.

II: Gedankliche/emotionale Verarbeitung

1. Reden
Durch Reden wird das Geschehen gedanklich sortiert und das scheinbar Unaussprechliche so gut es eben geht in Worte gefasst. Dadurch wird das Erlebte greifbarer, kontrollierbarer und kann somit besser in die Gedächtnisstrukturen integriert werden. So wird die Verarbeitung verbessert und häufig Entlastung erreicht. Einen weiteren konkreten Effekt hat das Sprechen: Wenn man sich anderen anvertraut, kann man Verständnis für die eigene Situation bekommen und Hilfe erfahren.

2. Sortieren:
Die Symptome einer PTBS entstehen, wenn die Erinnerungen und andere sensorischen Eindrücke des kritischen Ereignisses

abgespeichert werden, ohne in einen zeitlichen und räumlichen Rahmen einsortiert zu sein. Wichtig für die Verarbeitung ist, dass die vielleicht nur bruchstückhaft vorhandenen Erinnerungen zu einer »zusammenhängenden Geschichte« (Gerngroß 2015b, S 86) werden. Auch deshalb ist es wichtig, dass alle Beteiligten möglichst vollständige Informationen zum Geschehen erhalten. Das Reden und die damit zwangsläufig einhergehende Verbalisierung des Geschehens kann diesen Bewältigungsschritt unterstützen (ebd.).

3. Bewertungen überprüfen
Die eigene, persönliche Bewertung des Geschehens und auftretender Belastungsreaktionen spielen bei der Verarbeitung eine große Rolle. Die vorher bereits ausführlich beschriebenen Schuldgefühle können zu Folgeproblemen führen. Ist man als Einsatzkraft hingegen mit seiner eigenen Arbeit zufrieden und hat das Gefühl »alles gegeben zu haben«, wird die Situation als weniger kritisch bewertet. Auftretende Schuld- und Schamgefühle sollten ernsthaft und kritisch hinterfragt werden. Werden auftretende Belastungsreaktionen als Teil eines normalen Verarbeitungsprozesses anerkannt, erleichtert das den Umgang. Werden die Belastungsreaktionen hingegen als bedrohlich wahrgenommen, kann das zusätzlichen Stress auslösen.

4. Bewältigungsstrategien überprüfen und einsetzen
Nach einer belastenden Situation kann Vermeidungsverhalten auftreten, das sich sowohl gedanklich als auch in tatsächlichen Handlungen zeigen kann. Auch wenn vermeidendes Verhalten verständlich erscheint, kann es Belastungsfolgen aufrecht-

erhalten. Wenn Vermeidungsverhalten auftritt, sollte dieses hinterfragt und Alternativen entwickelt werden.

Betroffene sollten sich Hilfe suchen und Hilfe zulassen, soziale Kontakte aufrechterhalten und ihrer bisherigen Tätigkeit nach Möglichkeit weiter nachgehen. Der Konsum von Alkohol und anderen Drogen kann das Empfinden der Belastungsfolgen zunächst mindern und deshalb als hilfreich empfunden werden, allerdings wird die erforderliche Verarbeitung verzögert.

5. Auf eigene Ressourcen konzentrieren

Die eigenen Ressourcen spielen in der Traumabewältigung eine entscheidende Rolle. Von ihnen ist abhängig, ob durch ein belastendes Erlebnis Folgestörungen entstehen. Im Rahmen der Verarbeitung ist es elementar, sich auf die eigenen Ressourcen zu konzentrieren. Den Ressourcen ist deshalb in diesem Werk ein eigenes Kapitel gewidmet.

III. Regeneration

Die Aktivitäten des Sympathikus und seines Gegenspielers, des Parasympathikus, sollten langfristig im Gleichgewicht sein. Da Stress, ausgelöst durch Einsätze und andere belastende Situationen, Energie bereitstellt und verbraucht, muss ein Ausgleich geschaffen werden und sowohl dem Körper als auch der Seele Erholung ermöglicht werden. Eine erholsame Freizeitgestaltung, Hobbys und andere schöne Erlebnisse sollten deshalb an der Tagesordnung stehen.

Die einzelnen Punkte finden sich in allen Aspekten der Prävention wieder und werden deshalb hier noch einmal übersichtlich dargestellt:

8 Prävention: Vorbeugung und Bewältigung

> **I. AVS herunterfahren**
>   1. Sicherheit
>   2. Nähe zu zugewandten Menschen
>   3. Information
>   4. Energie herunterfahren
>
> **II. Gedankliche und emotionale Verarbeitung**
>   1. Reden
>   2. Sortieren
>   3. Bewertungen überprüfen
>   4. Bewältigungsstrategie überprüfen
>   5. Auf eigene Ressourcen konzentrieren
>
> **III. Regeneration**

Bild 3: *Präventionsschritte*

Das oben gezeigte Schema lässt sich in allen Situationen anwenden: Vor dem Einsatz, während beziehungsweise unmittelbar nach dem Einsatz oder im Anschluss. Zu jedem Zeitpunkt können Maßnahmen sowohl durch die Organisation als auch von jedem einzelnen getroffen werden. Im Folgenden werden zunächst die Maßnahmen erläutert, die jeder individuell treffen kann und im Anschluss die, die die Organisation für ihre Mitarbeiter treffen sollte. Zur besseren Übersicht sind die Maßnahmen aufgegliedert in die Zeiträume vor, während und nach dem Einsatz und orientieren sich an dem vorgestellten Präventionsschema.

8.1 Maßnahmen des Individuums

8.1.1 Individuum: Vor dem Einsatz

Jeder, der im Bereich der Gefahrenabwehr tätig ist, sollte so gut wie möglich für sich selbst sorgen und seine Gesundheit erhalten. Diese Verantwortung trägt man gegenüber sich selbst, seiner Familie und seinem Team. Welche Maßnahmen man ergreifen kann, um sich selbst gegen psychische Belastungen schützen zu können, wird in diesem Abschnitt aufgezeigt.

I. AVS herunterfahren

1. Sicherheit
Die Möglichkeiten, die jeder Einzelne hat, um seine faktische Sicherheit zu erhöhen, sind ganz allgemeiner Natur. Die körperliche Fitness und allgemeine Gesundheit sollten den Anforderungen entsprechen, die im Feuerwehrdienst an jeden individuell gestellt werden.

Eine passende Alltagsstruktur kann in schwierigen Situationen helfen, schnell wieder in die gewohnte Normalität zurück zu finden. Dazu gehören Alltagsrituale, die bereits im Rahmen der Prävention geschaffen und gepflegt werden sollten. Diese können vielfältiger Natur sein und müssen

8.1 Maßnahmen des Individuums

individuell gefunden werden. Alltagsrituale könnten sein, morgens vor der Arbeit in Ruhe eine Tasse Kaffee zu trinken, nach der Arbeit ein paar Minuten auf dem Sofa zu ruhen oder vor dem Schlafengehen spazieren zu gehen. Aber auch sonstige Rituale, wie das wöchentliche Fußballspielen oder den Freitagabend mit Freunden zu verbringen, können uns dazu bringen, regelmäßig wertvolle soziale Kontakte zu erhalten.

Merke:
Die von der Organisation angebotenen Mitwirkungsmöglichkeiten sollten genutzt werden. Jeder sollte bereit sein, sich mit seinen Fähigkeiten einbringen.

2. Nähe zu zugewandten Menschen
Ein solides soziales Netzwerk ist eine gute Voraussetzung, um psychische Belastungen verarbeiten zu können. Beziehungen zu Angehörigen, Freunden, Kollegen und Kameraden sollten also regelmäßig gepflegt werden. Bei Problemen sollte man für andere da sein und in der Lage sein, selbst um Hilfe zu bitten und mit anderen über Probleme sprechen zu können. Das fällt nicht jedem leicht, kann aber geübt werden. Wer die Erfahrung macht, dass Reden helfen kann, wird sich auch bei schwerwiegenden Problemen eher Hilfe suchen.

3. Information
Das Wissen über psychische Belastungen kann helfen, Folgeprobleme zu bekämpfen. Setzt man sich bereits im Alltag mit der Funktion des eigenen AVS auseinander und wird sich dessen Funktionalität bewusst, erleichtert das die Bewältigung. Jeder sollte sich für einen selbst passende Strategien zur Stressbewältigung aneignen und im Alltag umsetzen. Einige

Verfahren sind im Folgenden vorgestellt. Einigen werden die Übungen sonderbar, gar esoterisch anmuten, sie haben aber einen tatsächlichen Nutzen. Ob und welche der Übungen zu einem passen und welche man umsetzten möchte, sollte trotzdem jeder selbst entscheiden.

Gedankenstopp
Nach dem Erleben von kritischen oder gar traumatischen Ereignissen gehört es zum gesunden Verarbeitungsprozess, das Erlebte immer wieder gedanklich durchzugehen, bis es schließlich im autobiographischen Gedächtnis sicher eingeordnet und verankert ist. Übermäßiges Nachdenken oder Grübeln wird aber zu keiner Lösung führen und kann negative Folgen haben: Grübeln gilt in der Psychotraumatologie als Faktor, der die Symptome einer PTBS aufrechterhält und Erholung sowie Heilung verhindert. Ständiges Grübeln zeigt meistens keine neuen Aspekte auf und somit ist es schwieriger, konstruktive Lösungsmöglichkeiten zu entdecken oder neue Perspektiven zuzulassen. Die Hirnforschung hat inzwischen sogar gezeigt, dass Gedanken das Gehirn trainieren und Nervenbahnen ausbilden. Allerdings werden, wie beim Muskeltraining, nur die Nerven verstärkt, die regelmäßig benutzt werden. Denkt man zu oft über Probleme nach, können sich die negativen Emotionen also festigen (Hüther 2015). Auch wenn das Nachdenken über Probleme wichtig ist, benötigt das Gehirn Pausen und Ablenkung, um sich zu sortieren und für Neues offen zu sein.

Zunächst übt man am besten für sich allein, die grüblerischen Gedanken zu unterbrechen. Dieser bewusste Vorgang kann bei Bedarf dadurch unterstützt werden, dass man

8.1 Maßnahmen des Individuums

Bild 4: *Gedankenstopp: Eine Möglichkeit der »Grübelfalle« zu entkommen und damit sein Gehirn zu entlasten, ist die Übung des Gedankenstopps. Dabei schafft man sich ein System, um Gedankengänge bewusst und abrupt zu unterbrechen.*

bei entsprechenden Gedanken in die Hände klatscht und laut »Stopp!« sagt oder sich ein Stoppschild vorstellt. Anschließend wendet man sich einer anderen Tätigkeit zu, um sich abzulenken und nicht wieder in die Gedankenschleife zu fallen. Hat man das Verfahren einige Male geübt, reicht schon die Vorstellung der Übung aus, um Gedanken zu unterbrechen, so dass man den Gedankenstopp auch in einer Umgebung praktizieren kann, in der man nicht durch lautes Klatschen oder Reden auffallen möchte und sich keinen ablenkenden Tätigkeiten zuwenden kann (Ofenstein 2016).

Imaginative Verfahren

Wie bereits angedeutet, ist es möglich das Gehirn, ähnlich wie Muskeln, durch regelmäßige Übungen so zu trainieren, dass sich die Veränderungen durch bildgebende Verfahren nachweisen lassen. Nervenzellen, sogenannte Neuronen, sind in

Prävention: Vorbeugung und Bewältigung

Gehirnarealen, die häufiger genutzt werden, stärker ausgebildet. Selten genutzte Neuronen können sich zurückbilden. Das bedeutet, dass sich die gesamte Gehirnstruktur Gegebenheiten anpassen und entsprechend verändern kann (Hüther 2018). Diesen Vorgang, die Neuroplastizität, kann man bewusst durch Anwendung von sogenannten imaginativen Verfahren nutzen. Diese beschreiben das Vorgehen, negative Gedanken wie Ängste durch positive Gedanken bewusst zu verdrängen und dadurch Stress zu regulieren.

Dieses Verfahren ist von zentraler Bedeutung bei der Überwindung von psychischen Problemen. Der eigene Blick auf die Welt entspricht nicht der Realität, sondern ist vielmehr eine eigene Interpretation davon. Sowohl positive als auch negative Gedanken lösen in unserem Körper neurologische und hormonelle Prozesse aus. Durch Gedanken können die eigenen Körperfunktionen beeinflusst werden: Beim Gedanken an stressreiche Situationen oder Ängste erhöht sich der Puls, beim Gedanken an eine entspannende Situation wird sich der Herzschlag wieder normalisieren. Wenn man nach einer Traumatisierung an Intrusionen, Flashbacks oder Albträumen leidet, ist das ein vergleichbarer Reflex: Es handelt sich nicht um die Realität, sondern um Bilder, die im eigenen Kopf entstehen. Trotzdem lösen diese Vorstellungen starke körperliche Reaktionen aus.

Auch das eigene Selbstbild oder die innere Einstellung haben einen Einfluss auf das eigene Leben. Sie bestimmen Gedanken, Gefühle, Verhaltensweisen und Entscheidungen. Macht man sich dieses Wissen bewusst, ist es möglich mit den inneren Bildern zu arbeiten und Ängste zu lindern. Bei Problemen ist es ratsam, versuchsweise eine andere Perspektive

8.1 Maßnahmen des Individuums

einzunehmen oder einen anderen Menschen nach seiner Meinung zu fragen. Dadurch verändert sich das Bild und möglicherweise eröffnet sich ein neuer Lösungsweg.

Die meisten Ängste entstammen nicht einer tatsächlichen Bedrohung, sondern der Vorstellung von einer Bedrohung. Deshalb ist man Ängsten nicht hilflos ausgesetzt, man kann ihnen bewusst durch wohltuende, beruhigende Vorstellungen gegensteuern. Diese selbst entworfene Gegenvorstellung ist genauso »real« und wirksam wie die Vorstellung von der Bedrohung. Dieses enorme Potenzial sollte man auf jeden Fall nutzen (Krüger 2017).

Auch die Neuroplastizität, also das Trainieren von Nervenzellen, sollte man nutzen. Beschäftigt man sich viel mit seinen Ängsten, dann sind die entsprechenden Gehirnbahnen trainierter als die, die für positive Gedankengänge zuständig sind. Das bedeutet keinesfalls, dass man Probleme, Ängste, Sorgen und andere negative Gefühle ignorieren und nur an Positives denken soll. Stattdessen muss man die Probleme ernst nehmen, sich um Lösungen Gedanken machen und Erlebnisse verarbeiten. Wenn man von negativen Eindrücken überflutet wird und kein gedanklicher Raum für Positives bleibt, dann ist das Lösen von Problemen erschwert. Deshalb ist es wichtig, Ängste zu hinterfragen und sich ihnen zu stellen, bei der Suche nach Lösungen andere Perspektiven einzunehmen und dem Gehirn Ruhepausen und Regenerationsmöglichkeiten zu schaffen (Roth, Strüber 2018, Hüther 2015).

Eine bekannte Übung, bei der man sich dieses Wissen zunutze macht, ist die Vorstellung von einem »sicheren Ort«. Hierbei stellt man sich einen Ort vor, an dem man sich vollkommen sicher fühlt. In Gedanken kann man sich ausmalen, wie dieser Ort beschaffen sein soll, damit man sich dort wohl fühlt. Welche Schutzmaßnahmen sind erforderlich, um den Ort gegen Gefahren von außen abzusichern? Der Fantasie sind keine Grenzen gesetzt. Je lebendiger die Vorstellung ist, desto wirksamer ist sie im Hinblick auf das Hervorrufen von Wohlbefinden. Hat man das Gedankenspiel einige Male praktiziert und den eigenen Sicheren Ort gut eingerichtet, kann man in unangenehmen Situationen schnell darauf zurückgreifen und negative Gefühle und Gedanken besser ausbalancieren (Heedt 2017, Huber 2013).

Bild 5: *Sicherer Ort*

Achtsamkeit
Achtsamkeit beschreibt das Konzept, sich bewusst auf die eigene Umgebung zu konzentrieren und einzulassen. Dadurch soll erreicht werden, dass man sich von Belastungen ablenkt

8.1 Maßnahmen des Individuums

und Ruhe findet. Auch wenn der Begriff inflationär verwendet wird, kann das Konzept grundsätzlich helfen, Extremsituationen zu überstehen. Richtet man seinen gedanklichen Fokus bewusst auf einzelne reale Gegebenheiten der Umgebung, kann durch die Aktivierung bestimmter Gehirnregionen ein gewisser Ausgleich zum Stressempfinden geschaffen werden.

Zur Achtsamkeit gibt es eine ganze Reihe an Übungen, von denen hier die »5-4-3-2-1-Übung« exemplarisch vorgestellt werden soll. Diese einfache Übung soll beispielsweise bei Einschlafproblemen helfen. Dabei werden im ersten Durchlauf je fünf Dinge benannt, die man sieht, hört, fühlt, riecht und schmeckt, im zweiten Durchgang dann noch vier Dinge, im dritten nur noch drei, bis im letzten Durchgang jeweils noch eine Sache benannt werden soll (Gräßer, Hovermann 2019).

Körperübungen

Die Stimmung beeinflusst die eigene Körperhaltung und findet sich in Mimik und Gestik wieder. Umgekehrt kann aber auch die Stimmung durch Körperhaltung beeinflusst werden: Ein erhobener Kopf, ein aufrechter Gang und ein breitbeiniger Stand vermitteln ein sicheres Auftreten. Dieses Gefühl zeigt man nicht nur nach außen, es kann auch die eigenen Gedanken beeinflussen.

Atmung

Die wichtigste Möglichkeit, durch gezielte Bewegungen auf unser Stresssystem Einfluss zu nehmen, bietet sicherlich das Atmen. Mit bewusster Atmung kann man umgehend Einfluss auf den Sympathikus und Parasympathikus nehmen. Das liegt daran, dass die Atmung die einzige Körperfunktion ist, die sowohl durch das vegetative Nervensystem gesteuert wird als auch bewusst gesteuert werden kann. Durch langsame, bewusste Atmung kann die Sympathikusreaktion gehemmt werden, was gegen Ängste und bei Einschlafproblemen helfen kann.

4. Energie herunterfahren
Regelmäßige körperliche Betätigung ist die beste Möglichkeit überschüssige Energie abzubauen. Die bestmögliche Art der Betätigung ist von individuellen Vorlieben abhängig. Das können beispielsweise Sport, Spaziergänge oder Gartenarbeit sein. Wichtig ist, dass die Tätigkeit in den Alltag etabliert werden sollte.

II. Gedankliche/emotionale Verarbeitung

Für eine gute und gesunde Verarbeitung sollte man sich über seine eigenen Stärken und Schwächen im Klaren sein, seine eigenen Grenzen erkennen und anerkennen und sich über die eigenen Motive bewusst werden, die einen dazu bewegen, als Einsatzkraft zu arbeiten. Durch ein realistisches Bewusstsein für die Grenzen der eigentlichen Handlungsfähigkeit können überzogene Ansprüche an sich selbst und die damit möglicherweise einhergehenden Schuldgefühle vermieden werden.

Ein weiterer wichtiger Baustein der Verarbeitung von psychischen Belastungen ist der persönliche Umgang mit Emotionen. Die mangelnde Fähigkeit, mit Emotionen umzugehen, wird als wesentliche Rolle einiger psychischer Erkrankungen angesehen. Diese emotionale Kompetenz kann wirksam trainiert werden. Eine Studie zeigt, dass die psychische Belastung bei Rettungsdienstmitarbeitern, die ein entsprechendes Trai-

8.1 Maßnahmen des Individuums

ning absolvierten, signifikant gesunken ist (Bruck und Dörfel 2018, Berking 2017).

III. Regeneration
Die persönliche Regeneration erfolgt durch psychische und physische Entspannung. Dabei sind die Präventionsmaßnahmen, die jeder für sich selbst treffen kann, vielfältiger Natur. Jeder, der im Einsatz oder Alltag mit belastenden Situationen konfrontiert ist, sollte einen bewussten Ausgleich dazu schaffen. Spaß haben und schöne Dinge erleben bietet einen protektiven Faktor, der bewusst genutzt werden sollte.

8.1.2 Individuum: Während des Einsatzes

Nicht nur die Organisation, sondern auch man selbst kann etwas für die eigene Situation im Einsatz tun.

I. AVS herunterfahren

1. (faktische) Sicherheit
Zunächst einmal sollte jeder auf Eigensicherung achten und sich keinen unnötigen Gefahren aussetzen. Zusätzlich sollte jeder bei sich selbst auf körperliche oder verhaltensbezogene Symptome achten, die auf Überforderung hindeuten können. Zu den körperlichen Symptomen gehören die Auswirkungen des Sympathikus: Herzrasen, schnelles Atmen, Schweißausbrüche, Übelkeit oder Erbrechen, auffällige Gesichtsfärbung und ein trockener Mund. Viele der verhaltensbezogenen Maßnahmen begegnen einem auch innerhalb der Stresskaskade.

8 Prävention: Vorbeugung und Bewältigung

Zu ihnen gehören zum Beispiel: Weinen oder Schreien, Weglaufen, hastiges Sprechen oder Stottern, Wutausbrüche und Schimpfen, Überaktivität oder Erstarren, Nichtbeachtung von Absprachen oder Standards, häufige Fehlgriffe, Tunnelblick und falsche Fixierung (Lasogga, Gasch 2011). All diese Reaktionen lassen sich mit der starken Aktivität des AVS erklären.

Durch einfach Maßnahmen ist es möglich, der Überforderung bewusst gegenzusteuern. Dazu gehört (Karutz und Blank-Gorki 2015):

- Konzentration auf die Ressourcen, die zur Verfügung stehen, um den Einsatz zu bewältigen: Teampartner, Ausrüstung, eigene Fähigkeiten und Erfahrung, das Wissen, ähnliche Situation bereits überstanden zu haben.
- Konzentration auf Routinetätigkeiten. Es hilft oft schon, sich für einige Sekunden auf eine Tätigkeit zu konzentrieren, die man sicher beherrscht.
- Imaginationen nutzen, die im Abschnitt »Individuum: Vor dem Einsatz« beschrieben wurden, zum Beispiel den »Sicheren Ort«.
- Körperübungen durchführen, die ebenfalls zuvor beschrieben wurden, zum Beispiel langsames und bewusstes Atmen.
- Maßnahmen gedanklich Schritt für Schritt durchgehen.
- Bei der Arbeit an vorhandenen Standard-Einsatz-Regeln oder sonstigen Algorithmen orientieren.
- Eine betont sachliche Betrachtungsweise: Das Fokussieren auf den Einsatz und die verwendete

8.1 Maßnahmen des Individuums

Technik und nicht zu sehr auf das Schicksal der zu rettenden oder bergenden Person legen.
- Selbstinstruktionen, also »Befehle« an einen selbst: »Ruhig bleiben«, »Ich schaffe das«.
- Belastende Anblicke vermeiden, wann immer möglich. Jeder Eindruck muss verarbeitet werden, deshalb sollte jeder für sich entscheiden, ob er sich einem belastenden Anblick aussetzt, solange es nicht für die Aufgabenerfüllung nötig ist. Allerdings ist Vorsicht geboten: Das Gehirn versucht scheinbar immer eine vollständige Geschichte abzuspeichern. Deshalb kann bei Einigen das Bedürfnis entstehen, sich das Geschehen anzuschauen. Da Bilder, die in der Fantasie entstehen gelegentlich schlimmer sind als der echte Anblick, ist diese Einstellung durchaus nachvollziehbar. Die Entscheidung, ob man sich den Anblick erspart oder das Geschehen sehen will, sollte also bewusst getroffen und dann auch von anderen akzeptiert werden.
- Maßnahmen für eine gute Teamarbeit treffen. Hier hilft beispielsweise die »10-Sekunden-für-10-Minuten« Regel. Dabei wird ein kurzer Zeitraum (symbolische 10 Sekunden) genutzt, um jedem die Möglichkeit zu geben, Bedenken zu äußern und Fragen zu stellen sowie gemeinsam das weitere Vorgehen zu besprechen. Auch wenn dieses Vorgehen die eigentlichen Maßnahmen einige Sekunden verzögert und man sich deshalb anfangs überwinden muss, diese Zeit zu nehmen, verbessert es den Arbeitsablauf und hilft, Fehler zu vermeiden. Das

in der FwDV 3 geforderte Antreten nach dem Befehl »Absitzen« ist ein guter Zeitpunkt, um den Befehl des Einheitenführers mit einem »10 für 10« zu ergänzen.

2. Nähe zu zugewandten Menschen
Die Menschen, die uns im Einsatz zur Seite stehen können, sind unsere Kameraden und Kollegen. Kleine Gesten, wie auf die Schulter klopfen, etwas zu trinken reichen, sich gegenseitig bei etwas helfen oder ein paar freundliche Worte aussprechen, scheinen selbstverständlich. Sie können dem Gegenüber aber ein Gefühl von Verbundenheit vermitteln und dadurch das AVS deutlich beruhigen. Wenn der Bedarf besteht, sollte man seine Kollegen aktiv um Unterstützung bitten.

3. Information
Die Wichtigkeit von Informationen wurde bereits ausreichend thematisiert. Jeder sollte die Informationen, die einem relevant erscheinen, verbalisieren und weitergeben. Oft werden Dinge nicht verbalisiert, weil man sie für selbstverständlich hält. Möglicherweise haben andere aber einen anderen Fokus oder die Situation unterschiedlich bewertet. Jeder sollte sich bewusst sein, dass seine Aufmerksamkeit in stressigen Situationen verändert ist und man einen Tunnelblick haben kann. Deshalb sollte man im Einsatz bewusst kommunizieren.

4. Energie herunterfahren
Die bereits beschriebenen Körperübungen sind eine Möglichkeit, überschüssige Energie im Einsatz abzubauen.

8.1 Maßnahmen des Individuums

II. Gedankliche/emotionale Verarbeitung

Generell sollte man sich darüber bewusst sein, dass dem eigenen Handeln Grenzen gesetzt sind. Sowohl durch die eigenen Fähigkeiten als auch durch die beschränkte Ausrüstung. Diesen Umstand sollte man sich regelmäßig ins Gedächtnis rufen, um überzogenen Egozentrismus und damit einhergehende Schuldgefühle zu vermeiden.

Eine mentale Vorbereitung bereits auf der Anfahrt kann helfen, konzentriert den Einsatz zu beginnen. Allerdings sollte man hier große Vorsicht walten lassen: Eine falsche Einsatzmeldung ist oft ein Auslöser für akute Belastungsreaktionen. Wenn zum Beispiel gemeldet ist, dass bei einem Verkehrsunfall keine Personen verletzt sind, sich dann aber herausstellt, dass doch eine Person schwerverletzt und eingeklemmt ist, kann die Überraschung zu heftigen Stressreaktionen führen. Trotzdem kann man sich auf der Anfahrt mental vorbereiten: Man kann eine hoffnungsvolle und motivierte Haltung einnehmen.

Droht während des Einsatzes Überforderung, sollte man sich bewusst machen, dass die Situation zeitlich begrenzt ist. Auch die bereits erwähnte bewusste Fokussierung auf eine einzelne, sicher beherrschte Maßnahme kann helfen, dem AVS Handlungssicherheit zu vermitteln.

III. Regeneration

Für die Regeneration bleibt während des akuten Einsatzgeschehens kaum Zeit. Allerdings sollte man seine eigenen Grenzen kennen. Bevor die eigene Grenze erreicht ist, sollte man um Hilfe bitten oder Ablösung fordern.

8.1.3 Individuum: Nach dem Einsatz

I. AVS herunterfahren

1. Sicherheit
Nach einem besonders belastenden Einsatz ist es hilfreich, bewusst Situationen herbeizuführen, die das Gefühl von Sicherheit vermitteln. Dazu gehört beispielsweise das Durchführen von Routinetätigkeiten oder die Nahrungsaufnahme. Manchen hilft es auch, zu duschen und die Kleidung zu wechseln, um Abstand vom Geschehen zu gewinnen oder Ekel zu überwinden. In den Tagen nach dem Erlebnis sollte die gewohnte Alltagsstruktur aufrechterhalten werden. Durch das Ausüben von gewohnten Tätigkeiten wird dem AVS Sicherheit vermittelt.

2. Nähe zu zugewandten Menschen
Der Kontakt zu vertrauten Menschen sollte nach einer kritischen Situation bewusst gesucht werden.

3. Information:
Die Informationen über Belastungssymptome und die Funktion des AVS sollte man sich bewusst ins Gedächtnis rufen. Zur Erinnerung: Belastungsreaktionen sind normale Reaktionen auf ein nicht normales Ereignis. Sie sind ein Zeichen dafür, dass das AVS noch aktiv und die Verarbeitung des Geschehens in Gang ist. Sie sind kein Zeichen von Schwäche und es ist professionell, auf die Reaktionen zu achten und dem Organismus genügend Zeit zu lassen, die Belastung zu verarbeiten.

8.1 Maßnahmen des Individuums

In den allermeisten Fällen verschwinden die Reaktionen zügig von selbst.

4. Energie abbauen
Bewegung jeder Art hilft die Energie abzubauen, die das AVS bereitstellt.

II. Gedankliche/emotionale Verarbeitung

Reden ist eine besonders effiziente Methode, um die Verarbeitung zu unterstützen. Dabei werden die Erlebnisse in Worte gefasst und gedanklich einsortiert. Das hilft, Ergebnisse so abzuspeichern, dass sie nicht in Form von Flashbacks oder Intrusionen zurückkehren. Dabei ist es nicht erforderlich, dass es sich um therapeutische Gespräche handelt. Das Gespräch mit Mitmenschen, die ernsthaftes Interesse an der Person haben, kann bereits helfen. Manchen fällt es schwer, über Gefühle und Erlebnisse zu reden. Als Alternative schlagen Karutz und Blank-Gorki (2015) das Führen eines persönlichen Einsatztagebuches vor, in dem das Erlebte niedergeschrieben wird.

Im Rahmen der Verarbeitung sollte die eigene Bewertung überprüft werden. Manchmal muss man anerkennen, dass es trotz größter Anstrengung nicht immer möglich ist, jeden zu retten und den Einsatz positiv zu beenden. Bei auftretenden Schuldgefühlen ist es oft hilfreich, sich mit den Kollegen und Kameraden zu beraten. Gemeinsam kann man manchmal zu einer anderen Sichtweise kommen und akzeptieren, dass man sein Bestmögliches gegeben hat und keine Schuld an der Situation trägt.

Bei Unsicherheiten über das eigene Verhalten und die Reaktionen auf das Erlebte hilft das Gespräch mit Fachpersonal, etwa der PSNV oder mit Peers, also kollegialen Ansprechpartnern der eigenen Organisation. Diese können Hilfestellung beim Umgang mit Stressbelastung geben. Wenn man sich sehr stark belastet fühlt, dann sollte man auch den Gang zum Arzt oder Psychologen nicht scheuen. Das frühe Reagieren auf solch außergewöhnliche Belastung ist ein Zeichen von Professionalität, denn so können wirklich kritische Entwicklungen häufig noch verhindert werden. Voraussetzung dafür ist es aber, Hilfe anzunehmen, auch wenn manche damit größere Probleme haben als andere.

III. Regeneration

Man sollte sich darüber bewusst sein, dass jede stressige Situation und damit auch jede AVS-Reaktion Energie verbraucht. Die deshalb nötige Regeneration braucht Zeit und Kraft, insbesondere nach sehr belastenden Einsätzen. Nach diesen Einsätzen ist das AVS noch einige Zeit in Bereitschaft, was zusätzliche Energie verbraucht. Deshalb ist es normal, sich auch dann noch erschöpft zu fühlen, wenn die körperliche Belastung schon einige Zeit zurück liegt. Es ist empfehlenswert, darauf Rücksicht zu nehmen und sich entsprechende Ruhepausen zu gönnen.

Wie bereits beschrieben, ist es sinnvoll, die Alltagsroutinen möglichst wieder aufzunehmen. Dazu gehört auch, Freude zu empfinden und schöne Dinge zu erleben. Das Erleben von positivem Empfinden ist das beste Gegengewicht zum Stresserleben und hilft, ein Gleichgewicht zu halten. Im Notfall kann auch der bewusste Gedanke an schöne Situationen helfen, um dem Stress entgegenzuwirken und für Wohlbefinden zu sorgen.

Wenn die Stressreaktionen überwältigend sind oder länger anhalten, dann sollte man sich eingestehen, professionelle Hilfe zu benötigen. Belastungsfolgen können sich chronifizieren und ernsthafte physische und psychische Erkrankungen zur Folge haben. Deshalb ist es wichtig, einer kritischen Entwicklung rechtzeitig entgegen zu wirken.

8.2 Maßnahmen der Organisation

8.2.1 Organisation: Vor dem Einsatz

Die Feuerwehr als Organisation bestimmt die Rahmenbedingungen unseres Handelns im Einsatz. Sie stellt die Ausrüstung und bestimmt die Taktik. Aber schon viel früher beginnt ihre Einflussnahme: Sie wählt ihre Mitglieder aus, betreibt Aus- und Fortbildung, erstellt Dienstpläne und vieles mehr. All diese Faktoren haben einen Einfluss darauf, wie gut jeder Einzelne mit belastenden Situationen umgehen kann.

I. AVS herunterfahren

1. (faktische) Sicherheit
Die Organisation kann im Vorfeld einiges dafür tun, dass sich die Einsatzkräfte auch in schwierigen Situationen sicher fühlen und die Handlungsfähigkeit erhalten bleibt. Auf die Einsätze und die von ihnen ausgehenden Gefahren hat die Organisation selbstverständlich keinen Einfluss, wohl aber auf die Ausrüs-

tung, die Ausbildung, die Einsatzvorbereitung und die Einsatzdurchführung.

Zunächst wählt die Organisation ihre Mitarbeitenden aus, sei es im Rahmen von Bewerbungsverfahren oder Aufnahmen ins Ehrenamt. Bewerbungsverfahren, besonders im Feuerwehrbereich, sind dafür bekannt, durch mehrere Tests die Bewerber auszuwählen, die am besten geeignet erscheinen. Solch ein Prozess steht dem ehrenamtlichen Bereich in der Regel nicht zur Verfügung. Hier kommt den Leitungskräften die besondere Aufgabe zu, für jeden Interessierten die passende Verwendung zu finden. Über die Aus- und Fortbildung wird dieser Prozess weitergeführt. Eine gute Ausbildung ermöglicht es den Einsatzkräften, auch schwierige Situationen meistern zu können. Die Ausbildung sollte dabei aber immer den jeweiligen Aufgaben und dem persönlichen Entwicklungsstand angepasst werden. Die Mitglieder sollten im Rahmen der Personalentwicklung langfristig entsprechend ihren Interessen und Fähigkeiten gefördert und gefordert werden. Ziel sollte sein, dass sich jeder Beteiligte in seiner Rolle sicher fühlt und diese gerne ausfüllt. Fühlen sich die Beteiligten hingegen über- oder unterfordert, kommt es schnell zu Frust und unnötiger Belastung. Zusätzlich zu einer guten Ausbildung gehört auch, dass die Einsatzkräfte mit einer angemessenen Ausrüstung ausgestattet werden. Moderne Ausrüstung kann das Arbeiten erleichtern und auch in gefährlichen Situationen einen höchstmöglichen Schutz bieten. Außerdem kann gute Ausrüstung als Wertschätzung wahrgenommen werden und die Motivation steigern. Mangelhafte oder nicht funktionsfähige Ausrüstung führt zu hohem Stress und Frustration. Die Organisation sollte ebenfalls Wert darauf legen, dass Sicherheitsvorschriften ein-

8.2 Maßnahmen der Organisation

gehalten werden, Unfallverhütungsvorschriften, DIN-Normen und Vorgaben zum Arbeitsschutz sollten eingehalten werden, ebenso wie beispielsweise die Feuerwehr-Dienstvorschrift 7 zum Atemschutzeinsatz. Dadurch kann tatsächlich eine höhere Sicherheit für die Einsatzkräfte generiert werden und Unfallsituationen, die ein besonders hohes Maß an Stress bedeuten, vermieden werden. Weitere Maßnahmen des Gesundheitsschutzes, wie etwa ein Konzept zur Hygiene an der Einsatzstelle und zur Schwarz-Weiß-Trennung in der Wache, können die Gesundheit von Mitarbeitenden langfristig und nachhaltig schützen.

Die Einsatzvorbereitung spielt ebenfalls eine wichtige Rolle im Rahmen der Prävention. Neben einer guten Ausbildung und Ausrüstung der Einsatzkräfte kann eine gute Vorbereitung den Unterschied zwischen Einsatzerfolg und Misserfolg ausmachen. Im Vorfeld entwickelte Standard-Einsatz-Regeln und Algorithmen können in stressigen Situationen als Handlungsleitfäden dienen. Solide Kenntnis über das Einsatzgebiet und vorhandene Sonderobjekte können Einsatzkräften Orientierung bieten. Die Aufgaben, die jeder Einzelne zu bewältigen hat, sollten im Vorfeld so eindeutig wie möglich definiert sein. Eine transparente Führungsorganisation kann helfen, den Einsatzablauf zu strukturieren und Missverständnisse zu vermeiden.

Die Zusammenarbeit im Team ist ebenfalls ein entscheidender Faktor. In den letzten Jahren hat das Crew-Ressource-Management aus der Luft- und Raumfahrt langsam in die Notfallmedizin Einzug gehalten. Ziel ist es, durch eine situationsgerechte Aufmerksamkeit, klare Kommunikation und kooperatives Miteinander, in besonders stressreichen Situationen schnelle und richtige Entscheidungen treffen zu können und dadurch menschliches Fehlverhalten zu verhindern. Auch wenn sich das Konzept aus der Luftfahrt nicht ohne weiteres in einer Feuerwehr implementieren und umsetzten lässt, bietet es für Feuerwehren eine ganze Menge an Entwicklungspotenzial.

Im Einsatz sollte eine klare Kommunikationsstruktur vorherrschen. Sowohl die Zusammenarbeit innerhalb des Teams als auch die organisationsübergreifende Arbeit sollte trainiert sein. Zur Zusammenarbeit mit den Kräften der Psychosozialen Notfallversorgung (PSNV) im Alltag und in Großschadenlagen finden sich weitere Ideen im entsprechenden Kapitel.

Routinetätigkeiten/Alltagsstruktur

Die Alltagsstruktur innerhalb der Organisation beeinflusst die Arbeitsfähigkeit der Einsatzkräfte. Die Arbeitsbelastung sollte nicht zu hoch sein. Dies hat zum einen den Grund, dass die Alltagsbelastung einer der wesentlichen Auslöser für Folgeerkrankungen bei Einsatzkräften ist, zum anderen müssen den Beteiligten genügend Ressourcen zur Verfügung stehen, um auch schwerwiegendere Ereignisse verarbeiten zu können. Wenn der Alltag schon mit massiven Herausforderungen verbunden ist, dann können schwierige Situation nicht verarbeitet werden. Auf die Alltagsbelastung hat die Organisation großen Einfluss: Die Dienstplangestaltung bei Hauptamtlichen sollte diesen den nötigen Ausgleich zwischen Beruf und Freizeit ermöglichen und trotz Schichtdienst eine möglichst gesunde Lebensführung ermöglichen. Die Arbeitsbelastung, sowohl bei hauptamtlichen als auch ehrenamtlichen Feuerwehrangehörigen, sollte überschaubar sein und nötigenfalls auf mehrere Schultern verteilt werden. Besonders bei Freiwilligen Feuer-

8.2 Maßnahmen der Organisation

wehren lässt es sich häufig umsetzen, die anfallenden Aufgaben auf eine gut funktionierende Führungsmannschaft zu verteilen, statt Einzelne über den Maßen zu belasten. Die Anzahl der anfallenden Einsätze lässt sich primär natürlich nicht steuern. Allerdings sollte stets darauf geachtet werden, dass Einsatzkräfte nicht überbelastet sind. Besonders für Freiwillige sind Einsätze stets mit Entbehrungen verbunden, sei es auf der Arbeit, in der Familie oder dem eigenen Nachtschlaf. Steigt die Einsatzzahl über ein dauerhaft erträgliches Maß hinaus, sollten Gegenmaßnahmen getroffen werden. Dazu könnte beispielsweise gehören, kleinere Hilfeleistungen wie die Beseitigung von Ölspuren an private Firmen zu vergeben oder innerhalb der Feuerwehren spezialisierte Gruppen, etwa eine Türöffnungsgruppe, zu schaffen und so die Einsatzlast zu verteilen. Aber auch das andere Extrem, sehr selten zum Einsatz gerufen zu werden, etwa weil eine größere Nachbarwehr alle anfallenden Einsätze übernimmt, kann zu Frust und damit zu Stress führen. Bei hauptamtlichen Kräften spielt auch der Wachalltag eine wichtige Rolle. Eine angenehme und sinnvolle Gestaltung kann Stress vorbeugen und nach der Rückkehr von einem belastenden Einsatz Halt geben.

Mitgestaltungsmöglichkeiten eröffnen

Erhalten Mitarbeitende die Möglichkeit zur Mitgestaltung innerhalb der Organisation, steigt das Gefühl der Kontrolle. Deshalb sollte für jeden Beteiligten eine ernsthafte Mitgestaltungsmöglichkeit bestehen, innerhalb der er seine Fähigkeiten, sein Wissen und seine Ideen einbringen kann und damit die Organisation gestalten und verbessern kann.

8 Prävention: Vorbeugung und Bewältigung

Eine gute Fehlerkultur kann ebenfalls die Mitgestaltungsmöglichkeiten verbessern. Unter der Fehlerkultur versteht man die Art und Weise, wie innerhalb einer Organisation mit Fehlern und Beinahe-Fehlern umgegangen wird. Werden Mitarbeitende für kleine Versehen sanktioniert und bloßgestellt, werden diese dadurch unter Druck gesetzt, was zu weiterem Stress führt. Wird hingegen akzeptiert, dass Fehler menschlich sind und jedem passieren können, wird der Mitarbeitende deutlich stressfreier handeln. Ein »Critical Incident Reporting System« ist ein Werkzeug, um die Fehlerkultur innerhalb der Organisation zu verbessern. Mitarbeitende haben die Möglichkeit, anonymisiert (Beinahe-)Fehler und kritische Situationen aus ihrem Arbeitsalltag aufzuzeigen. Ein Expertenteam prüft die geschilderten Fälle, bewertet sie und erarbeitet bei Bedarf Optimierungsmaßnahmen, die dann allen Mitarbeitern zur Verfügung gestellt werden. Dadurch soll bei den Mitarbeitern ein Risikobewusstsein geschaffen werden und die Arbeitsqualität kann durch zielgerichtete Maßnahmen verbessert werden. Durch solch eine ernsthafte Auseinandersetzung mit möglichen Fehlern kann der Stress in Einsätzen verringert werden. Wird hingegen durch die Vorgesetzten und Kollegen eine Kultur gefördert, in der diejenigen, die Fehler zugeben, bloßgestellt werden, wird sich das Stressniveau erhöhen.

2. Nähe zu zugewandten Menschen:
Die Nähe zu uns zugewandten und freundlich gesinnten Mitmenschen ist vielleicht sogar die wichtigste Ressource bei der Verarbeitung von traumatischen Erlebnissen. In vielen Feuerwehren herrschen eine sehr gute Teamkultur und Kameradschaft. Bei den Mitgliedern der Freiwilligen Feuerwehren

8.2 Maßnahmen der Organisation

ist die Tätigkeit eine Freizeitgestaltung, die häufig gemeinsam mit guten Freunden und der Familie ausgelebt wird. Auch die Hauptamtlichen verbringen häufig lange Zeit zusammen auf den Wachen, gestalten die Zeit ihrer Arbeitsbereitschaft gemeinsam und durchleben kritische Situationen als Team. Dadurch entstehen häufig gute Freundschaften. Doch ein guter Zusammenhalt innerhalb der Organisation ist keinesfalls selbstverständlich. Gemeinsame Einsätze und die enge Zusammenarbeit bieten Raum für Reibereien und Probleme. Ebenso wie in allen anderen sozialen Gruppen kann es zu Außenseitertum und Mobbing kommen, Meinungsverschiedenheiten im Einsatz können zu Streitigkeiten führen und persönliche Antipathien können den Einsatzablauf behindern. Es liegt an der Organisation, den Zusammenhalt und die Verbundenheit zu stärken, bei Konflikten frühzeitig zu vermitteln und eine gesunde Teamkultur zu fördern. Es reicht bereits eine freundliche Atmosphäre im Team zu schaffen, die jeder selbst durch eigene Bemühungen mitgestalten kann. Zu dieser Teamkultur gehört auch das Verhalten der Führungskräfte. Wenn die Beteiligten ihren Führungskräften ein hohes Maß an Vertrauen entgegenbringen, dann können sie auch im Einsatz besser zusammenarbeiten.

Einsatzkräfte sollten für ihre Arbeit Anerkennung und Wertschätzung erhalten. Diese sollte vom Dienstherrn, also in der Regel von der Gemeindeverwaltung, ausgehen und sich durch alle Leitungsebenen durchziehen. Bereits die Ausstattung mit zeitgemäßem Arbeitsgerät ist eine Form der Anerkennung, auch wenn dies allein nicht ausreicht. Erfahrene Anerkennung vermittelt ein Gefühl von Zugehörigkeit und vermittelt dem AVS dadurch Sicherheit.

3. Information:

Zu dem Abschnitt Information gehören sowohl die Information und Kommunikation im Einsatz als auch die Information über Belastung und deren Bewältigung im Alltag und nach besonderen Einsätzen. Es gilt als belegt, dass Einsatzkräfte weniger belastet sind, je mehr sie über psychische Belastungen wissen und desto mehr Bewältigungsstrategien ihnen bekannt sind (Beerlage 2017). Deshalb sollte der Umgang mit den Belastungen in die normale Aus- und Fortbildung aufgenommen und nicht erst im Rahmen einer Nachsorge geschult werden. Dabei sollte sich die Ausbildung nicht nur auf den Umgang mit Extremereignissen konzentrieren, sondern auch auf den hier schon mehrfach angesprochenen Alltagsstress, den Einsatzkräfte bewältigen müssen. Informationen über Hilfsangebote können dafür sorgen, dass Hilfe bei Problemen eher in Anspruch genommen wird.

Im Einsatz ist eine gut funktionierende Information und Kommunikation Grundstein für Erfolg. Technisch muss dafür gesorgt sein, dass die Kommunikation in jeder Lage aufrechterhalten werden kann. Man kann sich kaum ein stressreicheres Ereignis vorstellen, als einen Angriffstrupp unter Atemschutz nach einem Einsturz nicht mehr über Funk zu erreichen. Der Informationsfluss sollte zu jeder Zeit gegeben sein, Lagebilder, Rückmeldungen und Führungsentscheidungen transparent kommuniziert werden.

Diese Grundsätze beziehen sich natürlich nicht nur auf das Einsatzgeschehen, sondern lassen sich auf den Alltag übertragen. Auch dort sollten Führungsentscheidungen möglichst transparent getroffen und Informationen an alle Betroffenen weitergeleitet werden.

8.2 Maßnahmen der Organisation

II. Gedankliche/emotionale Verarbeitung

Neben den Informationen über Belastungen in Alltag und Einsatz spielt der Umgang damit innerhalb der Organisation eine entscheidende Rolle. Die Führungskräfte sollten die Haltung haben und vorleben, dass Ängste und Belastungsfolgen etwas Normales sind und jeder davon betroffen sein kann. Das erleichtert Betroffenen die Suche nach Hilfe und die Verarbeitung, wenn sie Probleme ansprechen und dabei »Gesicht wahren« können. Wird das Thema im Alltag thematisiert und »normalisiert«, verringert sich die »psychische Grundbelastung auch vor kritischen Einsätzen« (Beerlage 2017, S. 171) und damit die Rate an Folgeproblemen. Dies zu erreichen, ist eine Aufgabe für die Organisation und alle Beteiligten. Eine gesunde Teamkultur kann dazu erheblich beitragen.

Den Betroffenen sollten sowohl ihre Kameraden, Kollegen und Führungskräfte als auch externe professionelle Fachkräfte als Ansprechpartner zur Verfügung stehen, wobei die Rolle der Kollegen als »alltägliche« Ansprechpartner keinesfalls unterschätzt werden darf. Das Gespräch mit Kollegen wird viel häufiger gesucht und birgt keine so großen Hürden wie das Hinzuziehen von externen Fachkräften. Diese werden meist erst nach besonderen Einsätzen verständigt oder wenn die Belastungen bereits überwältigend sind. Das Gespräch innerhalb der Wehr sollte den Regelfall darstellen, der, wenn nötig, durch das Hinzuziehen von Fachkräften ergänzt werden kann. Wenn innerhalb der Organisation das Bild des »Starken Feuerwehrmanns« vorherrscht, der keine Schwäche, Ängste oder Belastungen zulässt, dann werden sich Einzelne auch erst dann Hilfe suchen, wenn die Belastungsfolgen schon weit fortgeschritten sind.

8 Prävention: Vorbeugung und Bewältigung

Die persönliche Bewertung der Situation und Belastung hängt selbstverständlich immer von den individuellen Sichtweisen ab. Um überzogene Schuldgefühle zu vermeiden, sollte die Organisation aber eine realistische Selbsteinschätzung der Einsatzkräfte fördern. Jedem sollte bewusst sein, dass professionelle Feuerwehrarbeit nur im Team funktioniert, in dem jeder seine Fähigkeiten nach seinen Möglichkeiten einbringt. Besonders jüngere Teammitglieder können dazu neigen, die Anforderungen an sich selbst und die eigenen Fähigkeiten zu überschätzen. Jeder sollte akzeptieren, dass er Schwächen hat und seine Grenzen kennen. Als Organisation kann man für seine Mitglieder Fortbildungen anbieten, die solche Stärken und Schwächen identifizieren.

III. Regeneration

Die Organisation kann einfache Maßnahmen treffen, um die Regeneration zu erleichtern. Dazu gehören Sportangebote, die bei hauptamtlichen Wehren zum Standard gehören und auch vermehrt in den freiwilligen Bereich Einzug halten. Dadurch wird nicht nur die körperliche Fitness der Beteiligten gestärkt, sondern auch überschüssige und der Verarbeitung hinderliche Energie abgebaut. Sport und andere Freizeitaktivitäten können den Teamgeist stärken, Spaß bringen und so einen schönen Ausgleich schaffen.

Viele der hier beschriebenen Maßnahmen sind sehr allgemein und klingen nach einem Ratgeber zur »perfekten Feuerwehr«. Selbstverständlich ist es utopisch, solch eine perfekte Organisation zu erschaffen, in der sowohl die Ausbildung und Ausrüstung perfekt sind, Einsatzzahlen in einem guten Mittelmaß liegen, die Alltagsbelastung weder zu hoch

8.2 Maßnahmen der Organisation

noch zu niedrig ist, Wertschätzung durch die Politik gelebt wird und sich alle Beteiligten bestens verstehen. Das ist auch gar nicht nötig. Ein gutes Arbeitsklima ist ein wirksamer Schutzfaktor gegen schwerwiegende Folgestörungen.

> **Merke:**
> Jeder sollte danach streben, für sich und seine Kameraden die bestmöglichen Rahmenbedingungen zu schaffen. Nur so können wir bestmögliche Arbeit leisten und uns selbst wie unsere Kameraden vor psychischen Belastungen schützen.

8.2.2 Organisation: Während des Einsatzes

Die in diesem Abschnitt vorgestellten Maßnahmen beziehen sich auf die Zeit während des Einsatzes, aus dem potenziell traumatische Situation entstehen können. Die meisten der hier vorgestellten Ansätze lassen sich besonders in langwierige Einsätze integrieren, allerdings sollte nicht vergessen werden, dass auch alltägliche Einsätze die Einsatzkräfte fordern und zu psychischen Belastungen führen können.

I. AVS herunterfahren

1. (faktische) Sicherheit
Die faktische Sicherheit kann während eines Einsatzes erhöht werden. Der Grundsatz »Eigenschutz geht vor« sollte immer beachtet werden. Eine gute Einsatzstruktur und klare Aufgabenverteilung erhöhen die Sicherheit im Einsatz zusätzlich. Außerdem sollten die Einsatzkräfte nach Möglichkeit Auf-

gaben entsprechend ihrer Kompetenzen zugewiesen werden, um sie vor Überforderung zu schützen.

Oft kann beobachtet werden, dass Einsatzkräfte, die eine belastende Tätigkeit ausüben, nach einer gewissen Zeit ausgetauscht werden und sich dann ausruhen sollen. Dieses Vorgehen ist von der Führungskraft fürsorglich gedacht und soll die Einsatzkraft vor Überforderung schützen. Allerdings kann es vorkommen, dass Einsatzkräfte dadurch aus ihrem Handeln herausgerissen werden, was das Gefühl des Kontrollverlustes und des persönlichen Versagens hervorrufen kann. Einsatzkräfte sollten deshalb nach Möglichkeit ihre Aufgabe zu Ende bringen. Müssen sie ausgetauscht werden, etwa weil sie tatsächlich vor Überforderung geschützt werden müssen, dann sollte ihnen eine andere Tätigkeit zugewiesen werden. Dabei kann es sich um eine weniger anstrengende Routineaufgabe oder eine Tätigkeit am Rande des Ereignisses handeln. Die Einsatzkraft sollte aber, wann immer möglich, nicht aus dem Einsatz gelöst werden, ohne dass sie ihre Tätigkeit abschließen kann.

2. Nähe zu zugewandten Menschen/Wertschätzung
Auch die Nähe zu zugewandten Menschen lässt sich im Einsatz aufrechterhalten. Nach Möglichkeit sollten eingespielte Teams zusammenarbeiten. Das lässt sich meistens sowohl in der Freiwilligen Feuerwehr als auch bei Hauptamtlichen gut umsetzen und ist wirksam, um Überreaktionen des AVS zu verhindern.

Bei langwierigen oder besonderen Einsätzen sollten Führungskräfte und die zuständigen Politikerinnen oder Politiker Interesse für das Wohlergehen der Mannschaft zeigen und ihre

8.2 Maßnahmen der Organisation

Anerkennung aussprechen. In Zusammenarbeit mit Kräften der PSNV kann eine Vor-Ort-Unterstützung bereitgestellt werden. Darauf wird im Kapitel »Aufgaben der PSNV« näher eingegangen.

3. Information

Information ist wichtig, um die Beteiligten vor Unsicherheit, Kontrollverlust und Hilflosigkeit zu schützen. Nach Möglichkeit sollten alle Einsatzkräfte mit möglichst umfassenden Informationen versorgt werden, auch wenn sie diese nicht primär für ihre Auftragserfüllung benötigen. Dies ist hilfreich, um

- Unsicherheit und Unruhe zu verringern. Das menschliche Gehirn scheint danach zu streben, ein möglichst zusammenhängendes und umfassendes Bild von einer Situation zu bekommen, von der man selbst betroffen ist.
- den Sinn der Tätigkeit, die jemand gerade ausführt zu erkennen. Eine einzelne Einsatzkraft kann oft nur einen kleinen Beitrag zum Erfolg eines Einsatzes leisten und dadurch kann das Gefühl der Hilflosigkeit auftreten. Wenn jeder Beteiligte aber über den Fortgang des Einsatzes informiert wird und erlebt, dass viele kleine Beiträge von vielen Einsatzkräften zum Erfolg führen, kann eher wieder ein Gefühl von Kontrolle entstehen.
- die Basis zur besseren Verarbeitung des Ereignisses zu schaffen.

Bei länger andauernden oder unübersichtlichen Einsätzen sollten allen beteiligten Einsatzkräften so viele Informationen wie möglich zur Verfügung gestellt werden. Das kann zum Beispiel in einem vorhanden Pausenbereich geschehen. Sinnvoll ist es, hier die PSNV einzubinden. Diese kann, wenn sie bereits an der Einsatzstelle mit der Betreuung von Einsatzkräften beauftragt ist, die Informationsweitergabe unterstützen. Dazu muss ihr aber ein vollständiges Lagebild zur Verfügung gestellt werden.

II. Gedankliche/emotionale Verarbeitung
Zur Unterstützung der Einsatzkräfte während des Einsatzes kann, wie bereits erwähnt, die PSNV ein »on scene support«, also eine Vor-Ort-Unterstützung zur Verfügung stellen. Einsatzkräften sollte in jedem Fall seelsorgerische Begleitung angeboten werden.

III. Regeneration
Zur Unterstützung der Regeneration sollten bei langwierigen Einsätzen Rückzugsräume für die Einsatzkräfte, nach Möglichkeit abgeschirmt von Presse und Öffentlichkeit, eingerichtet werden. Außerdem sollte für eine angemessene Verpflegung gesorgt werden und Toiletten zur Verfügung stehen.

8.2.3 Organisation: Nach dem Einsatz

Nach einem belastenden Einsatz sollten Hilfe und Unterstützung sofort und unmittelbar zur Verfügung gestellt werden. Auch wenn nicht alle Einsatzkräfte die Unterstützung annehmen, signalisiert es den Beteiligten, dass sich die Organisation um sie kümmert und sie unterstützt. Einige können zu dem

8.2 Maßnahmen der Organisation

Zeitpunkt die Hilfe noch gar nicht annehmen, da Belastungsfolgen häufig erst verzögert (sogar bis zu einigen Jahren) auftreten. Für diesen Fall sollten Informationen bereitgestellt werden, wo die Einsatzkräfte zu einem späteren Zeitpunkt Hilfe erhalten können, wenn diese benötigt wird. Die Sofort-Unterstützung sollte noch am Ort des Geschehens oder in einer der Einsatzkraft vertrauten Umgebung angeboten werden.

Den Betroffenen sollte vermittelt werden, dass die beobachteten Reaktionen in aller Regel normale Reaktionen auf ein besonderes Ereignis sind, die in den meisten Fällen nach kurzer Zeit wieder verschwinden.

I. AVS herunterfahren

1. Sicherheit
Sicherheit wird dem AVS dadurch signalisiert, dass man in einer bekannten Umgebung zusammenkommt. Dazu gehört beispielsweise das Gerätehaus oder die Wache. Außerdem sollten Getränke und ein Imbiss bereitgestellt werden. Das Einnehmen von Speisen hat dabei einen praktischen Grund: Für die Verdauung wird der Parasympathikus benötigt, der aktiv wird und die Sympathikusreaktionen vermindert.

2. Nähe zu zugewandten Menschen
Nach dem belastenden Einsatz sollten die Einsatzkräfte im Gerätehaus zusammenkommen und die Führung sollte Anerkennung und Wertschätzung aussprechen. Durch die Organisation sollte Hilfe und Unterstützung angeboten werden. Das Angebot muss dabei unbedingt ernstgemeint sein, ansonsten fühlen sich die Betroffenen berechtigterweise mit

8 Prävention: Vorbeugung und Bewältigung

ihren Problemen allein gelassen. Zusätzlich wird die Hürde größer, Unterstützungsbedarf zu äußern und Hilfe anzunehmen. Wenn die Organisation bereits im Alltag durch eine anerkennende, mitarbeiterorientierte Haltung geprägt ist, fühlen sich die Beteiligten auch in einer schwierigen Situation mit ihren Belastungen ernstgenommen und nehmen Hilfsangebote wahr. Die Unterstützung sollte unmittelbar nach dem Einsatz beginnen, ist aber in manchen Fällen längerfristig nötig.

3. Information

Spätestens im Rahmen einer Einsatznachbesprechung sollten alle beteiligten Einsatzkräfte ein umfassendes Bild der Gesamtlage erhalten. Umfangreiches Faktenwissen darüber, was geschehen ist und welche Maßnahmen durchgeführt wurden, ist entscheidend für die Verarbeitung von belastenden Einsätzen, gerade dann, wenn diese komplex und unübersichtlich waren.

Die Einsatznachbesprechung sollte unmittelbar nach einem belastenden Einsatz durchgeführt werden und folgende Inhalte haben:

- **Einsatz rekapitulieren**: Was ist genau geschehen? Wer war beteiligt: welche eigenen Einheiten, welche anderen Fachdienste? Wie viele Opfer, wie viele konnten gerettet werden? Die Informationen, die zu diesem Einsatz bekannt sind, sollten mit den beteiligten Kräften geteilt werden.
- **Information darüber, dass es normal ist, dass man nach einem Einsatz psychische Belastungsfolgen haben kann.** Nach Möglichkeit eine

8.2 Maßnahmen der Organisation

Atmosphäre herstellen, in der ohne Angst und Scham über Belastungsgefühle gesprochen werden kann.
- **Information über Hilfsangebote.**
- **Einsatzkritik**: Was ist gut gelaufen, was kann verbessert werden? Oft ist es empfehlenswert, diesen Punkt auf einen späteren Zeitpunkt, etwa den nächsten Tag, zu verschieben, wenn sich die Emotionen etwas gelegt und die Beteiligten sich erholt haben. In der Aufregung nach einem Einsatz ist das klare Denken oft noch nicht wieder voll funktionsfähig.

4. Energie herunterfahren

Die Einsatzbereitschaft der Fahrzeuge wiederherzustellen ist zum einen eine notwendige Tätigkeit, zum anderen kann es aber auch helfen, noch aufgestaute Energie abzubauen.

II. Gedankliche/emotionale Verarbeitung

Die Verarbeitung kann durch Angebote der PSNV unterstützt werden. Das erste Einsatznachsorgegespräch dient dem »Verstehen des Geschehens« (Beerlage 2017, S. 176). Einmalige Einsatznachsorgegespräche allein sind allerdings nicht ausreichend, wenn innerhalb der Organisation sonst psychische Belastungen nicht thematisiert werden.

Für besonders belastete Einsatzkräfte ist möglicherweise eine mittel- oder langfristige Unterstützung nötig. Häufig berichten schwer belastete Einsatzkräfte, dass sie nach einem Einsatz zunächst Hilfsbereitschaft und Fürsorge erfahren ha-

8 Prävention: Vorbeugung und Bewältigung

ben, diese aber schnell nachgelassen hat und sich die Betroffenen dann allein gelassen gefühlt haben.

Lasogga und Gasch (2011) haben eine Liste mit Indikatoren erstellt, die Hinweise darauf geben können, ob Einsatzkräfte weitergehende Unterstützung benötigen:

- **abnehmende Arbeitsleistung**: Mitarbeiter machen häufiger Fehler, sind unaufmerksam, begeben sich nur widerwillig zum Einsatz, melden sich häufig krank
- **sozialer Rückzug**: Mitarbeiter vermeiden Kontakt zu ihren Kollegen
- **Gereiztheit**: Mitarbeiter sind unruhig und nervös, fühlt sich schnell angegriffen
- **Wut und Aggression**: Mitarbeiter gehen auffällig schlecht mit Ausrüstungsgegenständen um, schlagen Türen zu, werden laut
- **Depressives Verhalten**: Interessenslosigkeit, Antriebslosigkeit, Traurigkeit
- **Sarkasmus und Zynismus**
- **Suchtverhalten**

Zeigen Mitarbeiter Ansätze dieses Verhaltens, sollte interveniert werden. Dabei sollte immer daran gedacht werden, dass solch ein Verhalten nicht nur nach einzelnen besonders belastenden Einsätzen auftreten, sondern auch durch die Alltagsbelastung provoziert werden kann. Längerfristige Unterstützungsmöglichkeiten werden im Kapitel 8.3 »Therapiemöglichkeiten« vorgestellt.

III. Regeneration

Die Verantwortlichen sollten sich dessen bewusst sein, dass jeder nach einer durchgestandenen Belastung genügend Zeit zur Regeneration benötigt. Nach außergewöhnlichen Einsätzen sollten Einsatzkräfte bei Bedarf den Dienst beenden. Die Folgedienste können gegebenenfalls angepasst und die Betroffenen dadurch entlastet werden.

8.3 Therapiemöglichkeiten

Sollten sich die Belastungsreaktionen und problematischen Symptome trotz aller Bemühungen nicht zurückbilden oder gar schlimmer werden, dann sollte sich niemand scheuen, medizinische oder psychotherapeutische Hilfe in Anspruch zu nehmen. Es gibt eine ganze Reihe an Therapiemethoden, die bei Trauma, Angst, Depression oder Suchtverhalten helfen können und deren Wirksamkeit wissenschaftlich erwiesen ist. Da im Rahmen dieses Werkes nicht auf all diese Therapieformen im Detail eingegangen werden kann, wird kurz der Ablauf einer Therapie im Allgemeinen grob geschildert. Das soll dazu dienen, dass Betroffene sich vielleicht besser für die Aufnahme einer Therapie entscheiden können. Zu Beginn einer Therapie wird zunächst eine umfangreiche Diagnostik durchgeführt. Dabei werden die Symptome und Probleme sowie die auslösenden Ursachen ermittelt und beispielsweise die Lebensumstände des Patienten betrachtet. Dann wird geklärt, was der Patient mit der Therapie erreichen will und welche Probleme er konkret bearbeiten möchte. Auf dieser Grundlage wird ein Behandlungsplan erstellt, der bei vielen Therapierichtungen mit dem Patienten besprochen wird. Bei den ersten Behandlungsterminen handelt es sich um probatorische Sitzungen, in denen ein gemeinsames Kennenlernen ermöglicht wird. Während dieser Zeit kann der Patient den Therapeuten wechseln, etwa wenn er sich bei diesem Therapeuten unwohl fühlt oder die Behandlungsmethode unpassend ist. Im Verlauf der Therapie werden Patient und Therapeut erarbeiten, welche Ressourcen dem Patienten zur Verfügung stehen und wie diese zur Bewältigung der Probleme genutzt werden können. Die angewandten Methoden zur Bewältigung der Probleme und Linderung der Symptome unterscheiden sich dann abhängig von der angewandten Therapierichtung. Zum Ende der Behandlung hin besprechen Patient und Therapeut, wie man die erreichten Verbesserungen verstärken und stabilisieren kann und wie in Zukunft besser mit Schwierigkeiten umgegangen werden kann.

Info:

Wenn man einen Psychotherapeuten sucht, wendet man sich beispielsweise an die Psychotherapeutenkammer des entsprechenden Bundeslandes. Dort kann man Auskünfte einholen über die Psychotherapeuten und ihre Methode.

9 Psychosoziale Notfallversorgung (PSNV)

In den letzten Abschnitten dieses Heftes haben wir die menschlichen Reaktionen auf kritische Situationen, den Umgang damit und die Präventionsmöglichkeiten aufgezeigt. Die Psychosoziale Notfallversorgung (PSNV) ist bereits erwähnt worden, als Unterstützung für Einsatzkräfte und für Betroffene. In diesem Kapitel soll die PSNV als Fachdienst im Katastrophenschutz und damit Partner der Feuerwehr vorgestellt werden. Um ein Verständnis für die Arbeit der PSNV zu bekommen, wird die Entstehung kurz angerissen und der aktuelle Stand in Deutschland grob skizziert. Dann werden die Möglichkeiten aufgezeigt, wie die PSNV die Feuerwehr unterstützen kann.

9.1 Geschichte der PSNV

Seelsorgerische Arbeit reicht vermutlich bis an den Beginn der Menschheit. Wo früher Familie und Freunde die Betreuung übernahmen, spielten mit dem Aufkommen der Religionen Geistliche eine zunehmend wichtige Rolle. Besonders aus der kirchlichen seelsorgerischen Arbeit entwickelte sich in den letzten Jahrzehnten, geprägt durch einige große Unglücke mit großer psychischer Belastung der Überlebenden, Zeugen, Angehörigen und der Einsatzkräfte, die heutige Struktur der Notfallseelsorge. Ein Unglück, das aus heutiger Sicht häufig als Meilenstein der Entwicklung der PSNV gesehen wird, ist der

9 Psychosoziale Notfallversorgung (PSNV)

ICE-Unfall von Eschede im Jahr 1998. Bei dem Unfall entgleiste ein ICE bei einer Geschwindigkeit von rund 200 km/h und prallte teilweise gegen eine Brücke. Dabei wurden 101 Personen getötet und mehr als hundert verletzt. Die Aufgaben der PSNV übernahmen dabei hauptsächlich Seelsorger der umliegenden Kirchengemeinden, die zum größten Teil weder im Bereich der Notfallseelsorge geschult noch als Einsatzkräfte organisiert waren. Eine Eingliederung in die Organisationen der Gefahrenabwehr hatte im Vorfeld nicht stattgefunden und konnte im laufenden Einsatz auch nicht mehr nachgeholt werden. Deshalb arbeiteten die Seelsorger weitgehend ohne Kontakt zur Einsatzleitung der Feuerwehr. Der Einsatz der Seelsorger in Eschede wurde später in den Medien und in der Fachliteratur vielfach aufgearbeitet. Um die Jahrtausendwende entwickelten sich immer mehr PSNV-Gruppen, so dass eine flächendeckende Versorgung in Deutschland weitgehend möglich wurde. Die Gruppen agierten auf lokaler Ebene und unterscheiden sich teilweise massiv im Hinblick auf ihre Struktur, Ausbildung, Aufgaben, Organisation und Träger. Um dieser Heterogenität zu begegnen, initiierte das Bundesamt für Bevölkerungsschutz und Katastrophenhilfe auf Vorschlag der Schutzkommission 2007 einen Konsensus-Prozess. Dieser hatte das Ziel, Qualitätsstandards und Leitlinien zu entwickeln und so die Arbeit der PSNV in Deutschland zu strukturieren und zu vereinheitlichen. An diesem, mehrere Jahre dauerndem Vorgang, beteiligten sich zahlreiche Vertreter der verschiedenen Organisationen. Die allermeisten Beteiligten bewerten den Konsensus-Prozess nach seinem Abschluss 2010 als sehr positiv und wichtig. Auch Jahre später profitiert die PSNV in Deutschland nach Meinung vieler Experten noch davon (Hoppe 2016).

9.2 Inhalte des Konsensus-Prozess

Im Rahmen des Konsensus-Prozesses wurde die PSNV als »Gesamtstruktur und die Maßnahmen der Prävention sowie der kurz-, mittel- und langfristigen Versorgung im Kontext von belastenden Notfällen bzw. Einsatzsituationen« (BBK 2013, S. 20) definiert. Neben der Prävention hat die PSNV also das Ziel, adäquate Unterstützung für Betroffene und Einsatzkräfte zu leisten und Traumafolgestörungen zu behandeln. Ihre Arbeit soll die vorher beschriebenen sozialen und personalen Ressourcen aktivieren und, wenn nötig, ergänzen.

Die Arbeit der PSNV wird in zwei große Bereiche gegliedert. Die PSNV-B für Betroffene, also Zivilpersonen, die ein Unglück erlebt und überlebt haben, ihre Angehörigen, Hinterbliebenen oder Zeugen. Die PSNV-E bietet Maßnahmen für Einsatzkräfte an.

Die Maßnahmen für Betroffene gliedern sich in drei Phasen: Psychische Erste Hilfe, psychosoziale (Akut-)Hilfe und heilkundliche Intervention. Die psychische Erste Hilfe ist vergleichbar mit der »klassischen« Ersten Hilfe für Verletzte. Dabei handelt es sich um recht einfach zu erlernende Maßnahmen, die auch von geschulten Feuerwehrkräften durchgeführt werden können, um beispielsweise die Zeit bis zum Eintreffen von Fachkräften sinnvoll zu überbrücken. In diesem Roten Heft ist der psychischen Ersten Hilfe ein eigenes Kapitel gewidmet. Bei der psychosozialen Akuthilfe handelt es sich um die »klassische« Arbeit von PSNV-Kräften an der Einsatzstelle. Weiterführende (heilkundliche) Hilfe können beispielsweise Psychotherapeuten, Psychologen, Beratungsstellen oder Selbsthilfegruppen

9 Psychosoziale Notfallversorgung (PSNV)

leisten und findet nicht an der Einsatzstelle statt. Die Angebote für Einsatzkräfte gliedern sich in Einsatzvorbereitung, Begleitung und Nachsorge, ähnlich wie im Kapitel Prävention beschrieben.

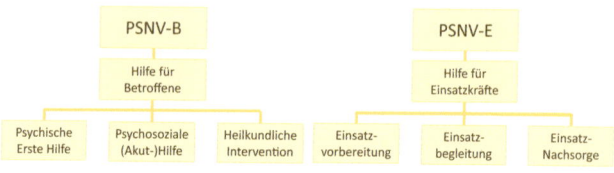

Bild 6: *Übersicht PSNV-Einheiten*

Im Konsensus-Prozess wurde ebenfalls festgelegt, wie die PSNV-Kräfte in den Einsatzalltag und die Bewältigung von Großschadenlagen eingebunden werden sollen. So soll in Zuständigkeit der Landkreise ein flächendeckendes Netz an psychosozialer Hilfe etabliert und dieses in die bestehenden Alarmierungsstrukturen eingebunden werden. Auf Ebene der Bundesländer soll eine Zentralstelle für die PSNV eingerichtet oder ein Landesbeauftragter berufen werden. Ziel ist es unter anderem, eine bessere Vernetzung zu erreichen und die Zusammenarbeit mit anderen Fachdiensten zu intensivieren. Zur Zusammenarbeit von Feuerwehr und PSNV bei besonderen Schadenlagen finden sich einige Hinweise im entsprechenden Kapitel.

9.3 PSNV im Einsatzalltag

Wie im Konsensus-Prozess gefordert, gibt es heute eine weitgehend flächendeckende Abdeckung mit PSNV-Fachdiensten in Deutschland. Diese werden von verschiedenen Trägern angeboten, die teilweise parallel arbeiten. In einigen Bundesländern ist die PSNV als Fachdienst in den Katastrophenschutz eingebunden und damit eine eigenständige Organisation, in anderen Fällen werden PSNV-Kräfte durch die Hilfsorganisationen gestellt oder sind sogar innerhalb der Feuerwehr organisiert. Unabhängig vom Träger und der Organisationsstruktur ist es von Seiten der Feuerwehr wünschenswert, wenn eine eindeutige Alarmierungsmöglichkeit besteht. Bestenfalls sind die Kräfte in die bestehenden Alarmierungsstrukturen der (Integrierten) Leitstelle eingebunden und über Funkmeldeempfänger nach einem festen Dienstplan alarmierbar, so dass Helfer stets verlässlich und zeitnah zur Verfügung stehen.

Die PSNV kümmert sich um (unverletzte) Betroffene, Angehörige und Zeugen. Typische Meldebilder können etwa der plötzliche Kindstod, die Begleitung von Angehörigen während einer laufenden Reanimation oder die Begleitung bei der Überbringung von Todesnachrichten durch die Polizei sein. Auch bei typischen Feuerwehrlagen können PSNV-Kräfte tätig werden, etwa durch die Betreuung von Personen, deren Wohnung brennt, bei Zeugen von Verkehrsunfällen oder Lokführern nach Personenunfall. Die Liste an möglichen Einsätzen ist lang und nahezu immer kann die PSNV durch ihre Fachexpertise die Feuerwehr oder andere Fachdienste entlasten. Es bietet sich deshalb an, die PSNV bei Bedarf in den eigenen Einsatz einzubinden und bereits im Vorfeld die Zusammenarbeit zu planen und zu üben.

9.4 PSNV für Betroffene

Die PSNV-B bietet an der Einsatzstelle für Betroffene eine Akutintervention an. Dabei handelt sich nicht um eine klassische Therapie, sondern um eine bedarfsorientierte Krisenintervention mit dem Ziel, die Reaktionen des AVS zu verringern, die Ressourcen der Betroffenen zu aktivieren und sie in ihr soziales Netzwerk oder weiterführende Hilfe zu vermitteln. Dadurch sollen traumatisch bedingte Folgeschäden verhindert werden.

Der PSNV steht dabei eine Reihe von Handwerkszeug zur Verfügung. Zum einen hilft bereits die bloße Anwesenheit von einem Helfer, der sich gezielt um die Person kümmert und keine anderweitigen Aufgaben zu erledigen hat. Zum anderen hilft es, den Betroffenen zu informieren. Informationen zum Einsatzablauf, zur Situation, zum Unfallhergang und zum weiteren Vorgehen helfen dem Betroffenen, die Situation einschätzen zu können. Der PSNV-Helfer wird versuchen, das eigene soziale Netzwerk der betroffenen Person wiederherzustellen und sie in dieses einzubinden. Wenn nötig, können weitere Ressourcen aktiviert und die Betroffenen in eine längerfristige Nachbetreuung übermittelt werden. Die langfristige Nachbetreuung ist in der Regel keine Aufgabe der PSNV-Kräfte, deren Einsatz endet mit Verlassen der Einsatzstelle.

9.5 PSNV für Einsatzkräfte

Die PSNV-E bietet eine Reihe an Unterstützungsangeboten für Einsatzkräfte. Auch diese gliedern sich in die Prävention vor belastenden Einsätzen, den »On Scene Support« an der Einsatzstelle und die Nachbetreuung. Im Rahmen der Prävention werden unterschiedliche Formate angeboten, bei denen über Belastungen durch psychischen Stress und Bewältigungsmethoden aufgeklärt wird. Hierbei wird sich der Umstand zunutze gemacht, dass bereits das Wissen über die Stressbelastung Einsatzkräfte schützen kann. Diese Präventionsveranstaltungen sollten in die normale Aus- und Fortbildung integriert und regelmäßig wiederholt werden. Dadurch wird das Problem der psychischen Belastungen normalisiert und die Hemmschwelle, bei Bedarf Hilfe anzunehmen, kann sinken. Außerdem können sich so die Kräfte der Feuerwehr und der PSNV kennen lernen und gegenseitiges Vertrauen aufbauen.

An größeren Einsatzstellen kann die PSNV einen »On Scene Support« anbieten, mit dem Ziel, einzelne, besonders belastete Einsatzkräfte zu stabilisieren, die Einsatzfähigkeit schnellstmöglich wiederherzustellen und die Auswirkungen des traumatischen Geschehens zu vermindern. Die PSNV-Kräfte können auch in die Information der Einsatzkräfte bei unübersichtlichen Einsatzlagen eingebunden werden. Wie im Kapitel Prävention beschrieben, ist es für die psychische Gesundheit von Einsatzkräften von besonderer Bedeutung, dass sie über das Einsatzgeschehen bestmöglich informiert sind. Ein Aufenthalts- oder Verpflegungsbereich, in dem Einsatzkräfte Pause machen, bietet sich für solch einen Informationsüberblick an. Wenn PSNV-Kräfte diese Aufgabe übernehmen, können sie gleichzeitig auch als Ansprechpartner dienen für den Fall, dass starke psychische Belastungen auftreten. Maßnahmen der PSNV-E machen selbstverständlich nur dann Sinn, wenn der Einsatz länger dauert. Ansonsten bietet es sich an, die erste Nachbesprechung auf die Zeit nach dem Einsatz zu verschieben, wenn die Beteiligten in einer bekannten Umgebung, beispielsweise der Wache, in Ruhe zusammenkommen.

Nach dem Einsatz kann die PSNV im Rahmen einer Krisenintervention tätig werden. Dabei wird überwiegend das Konzept »Critical Incident Stress Management« (CISM), im deutschsprachigen Raum auch »Stressbearbeitung nach belastenden Ereignissen« (SBE), verwendet. Dabei handelt es sich um strukturierte Gesprächsangebote für Einzelpersonen und Gruppen. Den Betroffenen soll im Rahmen der Gespräche die Möglichkeit gegeben werden, das Erlebte zu verarbeiten und Informationen über Belastungsfolgen zu erhalten. Die verschiedenen Module des Konzeptes werden hier kurz vorgestellt.

9.5.1 Demobilisation

Die Demobilisation wird möglichst unmittelbar nach dem Einsatzende durchgeführt. Im ersten Teil werden die Einsatzkräfte zehn bis 15 Minuten über mögliche Belastungsfolgen aufgeklärt. Danach folgt ein informelles Beisammensein mit einem Imbiss. Hier haben die Beteiligten die Möglichkeit, sich über das Ereignis auszutauschen und bei Interesse weitere

9.5 PSNV für Einsatzkräfte

Informationen vom Mitgliedern des CISM-Team zu erhalten. Ziel der Demobilisation ist es, »für einen Brückenschlag vom traumatischen Ereignis zur Normalität [zu] sorgen« (Mitchell, Everly 2005, S. 103). Zusätzlich kann das Wissen über Belastungsfolgen aufgefrischt werden und der Bedarf nach weiterer Unterstützung eruiert und diese angeboten werden. Ein Vorteil dieser Methode ist, dass wenige PSNV-Kräfte eine große Zahl an Einsatzkräften betreuen können und die Hilfe deshalb in der Regel schnell zur Verfügung steht (Mitchell, Everly 2005).

9.5.2 Defusing

Beim Defusing handelt es sich um eine Kurzbesprechung, die mit sechs bis acht Personen durchgeführt werden soll, die auch tatsächlich am Einsatz beteiligt waren. Es wird möglichst noch am gleichen Tag und innerhalb von ein paar Stunden nach dem Einsatz durchgeführt. Ziel ist es, allen Beteiligten denselben Informationsstand zum Einsatz zu geben. In genau festgelegten Gesprächsphasen soll den Betroffenen Gelegenheit gegeben werden, über das Erlebte zu sprechen, sich mit den anderen Auszutauschen und Informationen zur Stressbelastung zu erhalten. Das Defusing bietet also eine Alternative zur Demobilisation, bei dem in Kleingruppen gearbeitet wird und die Beteiligten Gelegenheit haben, über ihre Erlebnisse zu sprechen (Mitchell, Everly 2005).

9 Psychosoziale Notfallversorgung (PSNV)

9.5.3 Debriefing

Beim Debriefing handelt es sich auch um eine Einsatznachbesprechung in der Gruppe. Diese wird 24 bis 72 Stunden nach dem Einsatzende durchgeführt und soll ebenfalls zu einer besseren Bewältigung beitragen. Beim Debriefing handelt es sich um ein sehr stark strukturiertes Gesprächsangebot, bei dem in sieben Phasen den Teilnehmern die Möglichkeit gegeben wird, über ihre Gefühle, Gedanken und Reaktionen zu sprechen, ohne dass sie Angst haben müssen, die Kontrolle über ihre Gefühle zu verlieren. Das Debriefing wird dabei immer von einem Team aus Peers, also kollegialen Ansprechpartnern, und psychosozialen Fachkräften geleitet (Mitchell, Everly 2005).

Das Debriefing ist nicht unumstritten. In der Fachwelt gab es eine Debatte darüber, ob das Angebot hilfreich oder gar schädlich sein kann. Es hat sich herausgestellt, dass die strukturierten Einsatznachsorgegespräche bei freiwilliger Teilnahme nicht schädlich sind, allerdings erst dann ihre volle protektive Wirkung entfalten können, wenn in der Organisation generell das Thema psychische Belastung thematisiert wird und der Umgang damit geschult ist (Beerlage 2017).

9.5.4 Einzelgespräche

Einzelgespräche sind die wohl am häufigsten durchgeführten Interventionen aus der CISM-Reihe. Die Durchführung orientiert sich oft am SAFER-Akronym. Die einzelnen Punkte sind:

- **Stabilisierung der Situation**: Nach Möglichkeit den Betroffenen an einen ruhigeren Ort bringen, Distanz zu den akuten Stressoren schaffen.
- **Anerkennung und Akzeptanz der Krise**: Der Betroffene erhält die Möglichkeit über das Geschehene zu sprechen. Der Helfer hört aufmerksam zu und ermöglicht damit emotionale Entlastung.
- **Fördern des Verstehens**: Die Reaktionen des Betroffenen werden als normale Reaktionen auf ein nicht normales Ereignis erklärt.
- **Ermutigung zur angemessenen Bewältigung**: Gemeinsam mit dem Betroffenen werden Bewältigungsstrategien für die kommenden Stunden und Tage erarbeitet und zu deren Umsetzung ermutigt.
- **Rückführung zur Selbständigkeit oder weitere Hilfe organisieren.**

Das Einzelgespräch bietet also eine gute Möglichkeit, besonders belastete Einsatzkräfte durch Fachkräfte zu unterstützen (Mitchell, Everly 2005).

9.6 PSNV in Großschadenlagen

Das ICE-Unglück von Eschede wird häufig als Meilenstein in der Geschichte der PSNV genannt. Im Jahr 2016, also sechs Jahre nach Abschluss des Konsensus-Prozesses und zu einer Zeit, in der bereits flächendeckend PSNV-Kräfte zum Einsatz kommen, ereignete sich bei Bad Aibling ein Zugunglück. Infolge eines Zusammenstoßes zweier Personentriebwagen verstarben elf

Personen, 27 wurden schwer und 63 leicht verletzt. Die Arbeit der PSNV bei dem Ereignis ist gut untersucht und lässt einige Rückschlüsse auf die Zusammenarbeit zwischen Feuerwehr und PSNV in Großschadenlagen zu: Die erste Einsatzkraft der PSNV wurde erst etwa eine Stunde nach dem Ereignis alarmiert. Vor Ort eingetroffen forderte diese Einsatzkraft weitere Unterstützung an und versuchte sich in die örtlichen Einsatzstrukturen zu integrieren. Vergeblich, da kein Einsatzleiter erkennbar war, der als Ansprechpartner für die PSNV hätte dienen können. Die PSNV-Kräfte suchten in den umliegenden Feuerwehrhäusern nach Betroffenen mit Betreuungsbedarf. Die meisten Unverletzten hatten sich allerding schon selbstständig von der Einsatzstelle entfernt, ohne psychische Hilfe erhalten zu haben. Um Betroffenen trotzdem noch Hilfe anbieten zu können, wurde eine Hotline improvisiert und die Nummer über die Medien bekannt gemacht. Dieses Angebot wurde in den Tagen nach dem Unglück auch angenommen (Hoppe 2016).

Dieser Einsatz zeigt, dass eine strukturierte Zusammenarbeit zwischen Kräften der Feuerwehr und der PSNV bei Großschadenlagen keinesfalls selbstverständlich ist. Vielmehr sollte diese im Vorfeld geplant und bestenfalls auch beübt werden. Einige Anregungen dazu sind im Folgenden gegeben.

9.6.1 Einbindung der PSNV in örtliche Strukturen

Die PSNV sollte, wie im Konsens-Prozess gefordert, in die örtlichen Strukturen der Gefahrenabwehr eingebunden wer-

9.6 PSNV in Großschadenlagen

den. Wichtig hierzu ist zunächst die persönliche Bekanntschaft zwischen den Führungs- und Einsatzkräften der verschiedenen Organisationen. In gemeinsamen Gesprächen zur Einsatzvorbereitung können sich die verschiedenen Beteiligten ein Bild von ihrem Gegenüber und seiner Arbeit machen. Man lernt die Aufgaben, Kompetenzen und Möglichkeiten der anderen Fachdienste, aber auch ihre Grenzen und Schwächen kennen. In einem weiteren Schritt sollten gemeinsam konkrete Einsatzpläne entwickelt werden. Diese können bestimmte Großschadensereignisse behandeln, wie beispielsweise ein Flugzeugunfall oder ein Brand in einem Krankenhaus. Solche Pläne können im Einsatz größere Handlungssicherheit geben.

Die Feuerwehr und die PSNV können gemeinsam planen, was sie vom jeweils anderen erwarten und wie sie sich gegenseitig unterstützen können. Die Feuerwehr benötigt in ihrem Einsatz einen verlässlichen Partner, der die psychische Betreuung übernimmt, dafür muss sie die PSNV beispielsweise mit Fahrzeugen zum Transport von Einsatzkräften und Personal, Räumlichkeiten zur Betreuung und Material wie Funkgeräten unterstützen. Solche Abhängigkeiten sollten herausgearbeitet und gemeinsam besprochen werden, damit sich jede Führungskraft für den Einsatz darauf vorbereiten kann. Beschäftigen sich die verschiedenen Akteure gemeinsam und intensiv mit solchen komplexen Szenarien kann ein gemeinsames mentales Modell bezüglich der Fähigkeiten, Rollen Verantwortlichkeiten und Aufgaben entstehen (Alfare 2006, Helmerichs 2008).

9.6.2 Einbindung der PSNV in die Führungsstruktur

Die PSNV sollte nicht nur in Planungen eingebunden werden, sondern auch in die Führungsstruktur nach FwDV100, damit diese in der Lage ist, ihre Maßnahmen im Einsatz adäquat zu initiieren und zu koordinieren. Im Rahmen des Konsensus-Prozesses empfiehlt das BBK die Ausbildung und den Einsatz von PSNV-eigenen Führungskräften, dem sogenannten Leiter PSNV, der in der Lage ist, die Maßnahmen der PSNV in Großschadenlagen zu koordinieren, zu leiten und mit anderen Führungskräften zusammen zu arbeiten. Die Aufgaben eines Leiter PSNV sind sehr komplex. Er führt eine Lagebeurteilung aus psychosozialer Sicht durch, übernimmt die Koordination der beteiligten PSNV-Kräfte und die Strukturierung der Maßnahmen. Außerdem trifft er Absprachen mit anderen Fachdiensten und kann beratend tätig werden.

Es gibt mehrere Möglichkeiten, den Leiter PSNV in die Führungsstruktur der Feuerwehr nach FWDV100 einzuordnen. Manchmal wird vorgeschlagen den Leiter PSNV dem Einsatzabschnitt Rettungsdienst zuzuordnen und damit dem Leitenden Notarzt (LNA) und dem Organisatorischen Leiter Rettungsdienst (OrgL) zu unterstellen. Gegen eine Eingliederung an dieser Stelle im Führungssystem spricht allerdings, dass sich der Rettungsdienst typischerweise um die Verletzten und die PSNV um die unverletzten Betroffenen kümmert. Selbstverständlich kann es hier zu Überschneidungen kommen, etwa bei leichtverletzten Patienten, die aufgrund einer Vielzahl an Verletzten einige Zeit warten müssen, bis sie behandelt und transportiert werden können. Allerdings richtet die Abschnittsleitung Ret-

9.6 PSNV in Großschadenlagen

tungsdienst ihr Hauptaugenmerk eher auf die Schwerverletzten und hat deshalb nicht unbedingt die Zeit, die Qualifikation und die Ausstattung, um den Unterabschnitt PSNV angemessen zu führen.

Eine weitere Möglichkeit ist, einen eigenen Einsatzabschnitt PSNV einzurichten und den Leiter PSNV auf Einsatzabschnittsleiter-Ebene direkt dem Einsatzleiter unterzuordnen. Großer Vorteil dabei ist es, dass der Leiter PSNV dann direkt mit dem Gesamteinsatzleiter kommuniziert, diesem also etwa ein psychosoziales Lagebild geben oder benötigte Ausrüstung anfragen kann. Bei großen Einsätzen muss der Einsatzleiter aber häufig mehrere Abschnittsleiter, etwa für Brandbekämpfung oder Menschenrettung und die Abschnittsleitung Rettungsdienst betreuen. Hier bietet es sich an, einen gemeinsamen Abschnittsleiter für die Betreuung und Versorgung unverletzter Betroffener einzusetzen, dem dann sowohl der Leiter PSNV als auch der Unterabschnittsleiter des Betreuungsdienstes unterstellt werden. Die Aufgaben des Betreuungsdienstes und der PSNV unterscheiden sich, allerdings kümmern sie sich hauptsächlich um dieselbe Personengruppe: die unverletzten Betroffenen. Der Betreuungsdienst ist in der Regel für die Verpflegung, die Versorgung mit benötigten Gegenständen wie Decken oder Hygieneartikel und die Unterbringung der Betroffenen und der Einsatzkräfte an der Einsatzstelle zuständig. Da der Betreuungsdienst die Rahmenbedingungen für die Arbeit der PSNV-Kräfte stellen kann und die PSNV die psychische Akutbetreuung der Betroffen übernimmt, können sich die beiden Organisationseinheiten optimal unterstützen. Selbstverständlich werden PSNV-Kräfte auch in anderen Einsatzabschnitten aktiv, etwa im Behandlungszelt des Rettungs-

9 Psychosoziale Notfallversorgung (PSNV)

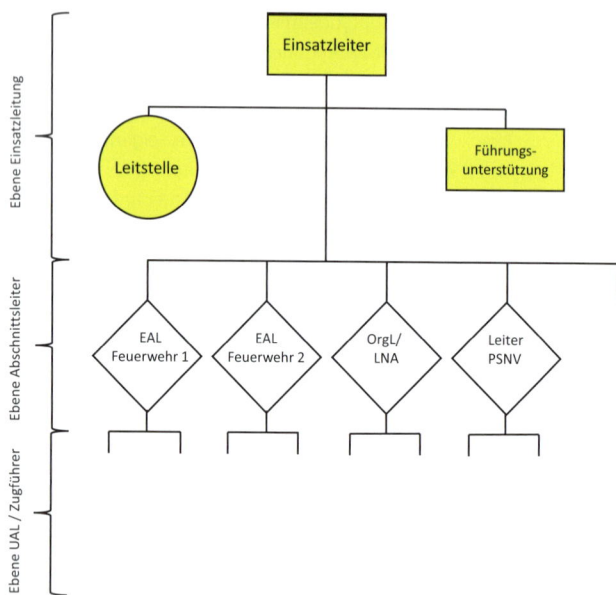

Bild 7: *PSNV als Einsatzabschnitt*

dienstes. Diese Hilfe kann dann aber über die Abschnittsleiterebene angefragt und organisiert werden.

Ein Vorteil dieser Struktur ist, dass sich der Gesamteinsatzleiter nicht persönlich um die Belange der PSNV kümmern muss, sondern diese über den Abschnittsleiter Betreuung organisiert wird. Ein Nachteil ist, dass der Leiter PSNV nicht

9.6 PSNV in Großschadenlagen

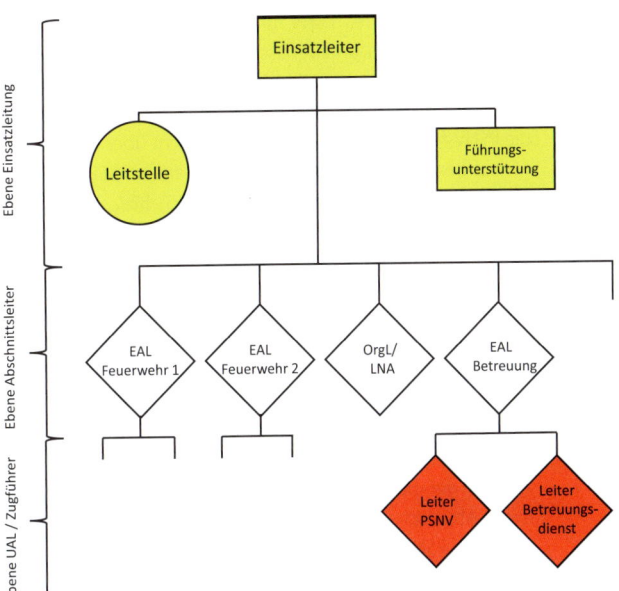

Bild 8: *PSNV als Unterabschnitt*

direkt mit dem Einsatzleiter Rücksprache halten kann, ohne die Führungsstruktur zu umgehen.

Unabhängig davon, wie die PSNV in die Führungsstruktur der Feuerwehr integriert werden soll, ist es für den gemeinsamen Einsatzerfolg entscheidend, die Anliegen der PSNV zu berücksichtigen und diese mit anderen Fachdiensten zu vernetzen. Es ist sowohl für die Einsatzleitung der Feuerwehr als auch für den Leiter PSNV unabdingbar, in regelmäßigem Kontakt zu stehen und verlässliche Informationen auszutauschen. Ein gemeinsames Lagebild könnte hier die Kommunikation erheblich verbessern. Das ist auch deshalb wichtig, da die PSNV für ihre Arbeit eine gute Übersicht über den Einsatzverlauf benötigt. Nur so kann sie Betroffene und Einsatzkräfte gezielt informieren (Hofinger et al. 2013, BBK 2013, Hausmann 2010, Müller-Cyan 2006).

9.6.3 Einbindung der PSNV in den Stab

Kommt bei größeren Einsätzen zur Unterstützung des Einsatzleiters ein Führungsstab zusammen, ist es oft sinnvoll, einen Fachberater PSNV zu entsenden. Dieser berät den Stab bei allen Fragen zur psychosozialen Betreuung und unterstützt beim Aufbau der benötigten PSNV-Strukturen. Dazu steht er in enger Absprache mit den Stabsfunktionen, pflegt Übersichten, alarmiert PSNV-Kräfte, definiert Betreuungsplätze, hält den Kontakt zu dem oder den Leitern PSNV vor Ort und stellt die Versorgung sicher. Durch einen Fachberater PSNV im Stab kann der Informationsfluss zwischen PSNV und Einsatzleitung erheblich verbessert werden und der Einsatz strukturierter abgearbeitet werden. Zusätzlich ist es sinnvoll, dass der Fachberater PSNV direkt auf die Einsatzführung Einfluss nehmen kann und deren Entscheidungen auch aus psychosozialer Sicht beeinflussen kann. Teilweise wird die PSNV bereits als eigene Stabsfunktion S7 fest in die Stabsarbeit eingebunden (Mähler und Nuth 2016, Hofinger et al. 2013, Müller-Cyan 2006).

9.6 PSNV in Großschadenlagen

Tabelle 5: *Zusammenarbeit Feuerwehr und PSNV*

Zusammenarbeit PSNV und Feuerwehr	
Ziel	<ul><li>Angemessene Betreuung der Betroffenen und Angehörigen</li><li>Entlastung der Einsatzkräfte</li><li>Beratung der Einsatzleitung</li></ul>
Großschadenlage	<ul><li>Unterschiedliche Schwerpunkte: Eine Großlage für die Feuerwehr ist nicht zwangsläufig eine Großlage für die PSNV und umgekehrt</li><li>In manchen Lagen ist die psychische Belastung höher (z. B. CBRN, Terror, Ereignisse bei Großveranstaltungen)</li></ul>
Mögliche Problem	<ul><li>Keine gemeinsame Vorbereitung</li><li>Keine Kommunikationsmöglichkeiten</li><li>Unterschiedliche Führungsorganisation</li><li>Alarmierung/Zeitfaktor</li></ul>
Probleme, die aus der Praxis berichtet werden	<ul><li>Kräfte erscheinen ungefragt/gliedern sich nicht in die Führungsstruktur</li><li>Keine Registrierung/Stärkeübersicht der Kräfte</li><li>Aufgabenzuweisung erfolgt nicht durchgängig</li><li>Kräfte suchen sich die Arbeit selbst</li><li>Inhaltliche Einweisung in die Lage/Führungsstruktur/Gefahren erfolgt nur unzureichend</li></ul>
Lösungsmöglichkeiten	<ul><li>Kennenlernen der Verantwortlichen</li><li>Gemeinsame Vorbereitung</li><li>Bedürfnisse der PSNV bei der Einsatzplanung berücksichtigen</li><li>PSNV in die AAO einbinden</li></ul>

9 Psychosoziale Notfallversorgung (PSNV)

Tabelle 5: *Zusammenarbeit Feuerwehr und PSNV – Fortsetzung*

Zusammenarbeit PSNV und Feuerwehr	
Was benötigt die PSNV?	<ul><li>Rechtzeitige Alarmierung</li><li>Bereitstellungsraum und Transport zur EST</li><li>Einbindung in die Führungsstruktur (eigener Abschnitt)</li><li>Information und Kommunikation</li><li>Räumlichkeiten zur Betreuung</li></ul>
Gemeinsames Mentales Modell	Gegenseitiges Verständnis:<ul><li>Was benötigt die Feuerwehr?</li><li>Was benötigt die PSNV?</li><li>Wer kann was leisten?</li><li>Wer hat welche Verantwortung?</li></ul>
Nach welchen Kriterien werden PSNV-Einsätze auf ihre Komplexität bewertet?	<ul><li>Wie viele Teams werden benötigt?</li><li>An wie vielen Orten?</li><li>Wie viele Schnittstellen zu anderen Organisationen?</li><li>Wie lange dauert der Einsatz?</li><li>Offenes Ereignis oder Ereignis beendet?</li><li>Gibt es Personen oder Personengruppen mit besonderem Bedarf?</li></ul>
Aufgaben Leiter PSNV	<ul><li>Koordination der eingesetzten Kräfte</li><li>Austauschen von Informationen</li><li>Bildung von Personalreserven, Nachalarmierung veranlassen</li><li>Dokumentation und Lageführung</li><li>Organisation der Versorgung Betroffener bzw. Zusammenarbeit mit den Versorgungseinheiten</li><li>Organisation Versorgung der eigenen Kräfte</li><li>Beratung der EL und Bereitstellen von erforderlichen Informationen</li><li>Organisation Betreuungsraum (für Trauernde, Vermissende, Totenablage…)</li><li>Organisation Einsatzkräftenachsorge</li></ul>

Tabelle 5: *Zusammenarbeit Feuerwehr und PSNV – Fortsetzung*

Zusammenarbeit PSNV und Feuerwehr	
Wo kann die PSNV eingesetzt werden?	<ul><li>Behandlungsplatz (Betreuung von Leichtverletzten, Patienten die auf den Transport warten)</li><li>Totenablage (Begleitung der Angehörigen, Herstellung einer würdigen Atmosphäre)</li><li>Betreuungsstelle (Versorgung von Unverletzten, Angehörigen, Zeugen…)</li><li>Rückzugsraum für Einsatzkräfte</li><li>Wachen der beteiligten Einheiten</li></ul>

9.7 Peers

Unter Peers versteht Karutz (2011) Helfer aus der eigenen Organisation, die ihre Kollegen beim Umgang mit belastenden Ereignissen unterstützen und in der Regel durch Fortbildung notfallpsychologische Kenntnisse erhalten haben. Die genauen Aufgaben, die Ausbildung und Auswahl der Helfer unterscheiden sich dabei von Organisation zu Organisation. Der Einsatz von Peers bietet einige Vorteile: Die Hemmschwelle, mit einem vertrauten Kollegen zu sprechen, kann niedriger sein als eine externe Fachkraft zu alarmieren. Peers können deshalb auch schon niederschwellig, also bei Einsätzen mit scheinbar geringerem belastendem Potenzial, tätig werden, bei denen man es als »übertrieben« betrachtet, externe Kräfte zu alarmieren. Einsatzkräfte können die Peers inoffiziell und unauffällig ansprechen, wenn sie Redebedarf haben. Dadurch, dass Peers aus derselben Organisation stammen, können diese die Probleme ihrer Kollegen häufig besser nachvollziehen als

Externe. Die Peers können darüber hinaus Führungskräfte beraten und die Fortbildung der Kollegen mitgestalten. Dadurch kann das Thema der psychischen Belastungen stärker in den Vordergrund gerückt werden. Sie können an Gruppeninterventionen mitwirken oder diese vorbereiten. Wenn keine Fachkräfte zur Verfügung stehen, können sie auch die Einsatznachbesprechung leiten oder auf psychische Belastungen hinweisen. Wenn ein Peer dann weitergehenden Betreuungsbedarf feststellt, kann er die Betroffenen an weitergehende Hilfe vermitteln. Diese sollte spätestens dann in Anspruch genommen werden, wenn Symptome über einen längeren Zeitraum bestehen oder besonders stark ausgeprägt sind. Selbstverständlich kann es auch vorkommen, dass Betroffene lieber mit einer fremden Fachkraft sprechen möchten als sich den eigenen Kollegen zu öffnen. Dieser Wunsch sollte akzeptiert werden.

Die Arbeit als Peer erfordert einige persönliche Voraussetzungen. Es ist besonders wichtig Beschäftigte als Peers einzusetzen, die psychisch stabil sind und mit der zusätzlichen Belastung umgehen können. Außerdem müssen die Peers ein gutes Ansehen in ihrem Kollegium und bei den Vorgesetzten genießen und die Anliegen, die an sie herangetragen werden, vertraulich und professionell behandeln. Zusätzlich müssen die Peers eine gute persönliche Reife, Teamfähigkeit, Verantwortungsbewusstsein und Einsatzbereitschaft zeigen und ein hohes Maß an Einsatzerfahrung vorweisen können. Die Auswahl der richtigen Kollegen zur Ausbildung als Peer kann sich also schwierig gestalten. Aber nur durch eine gute Personalauswahl kann erreicht werden, dass sich Betroffene an die Peers wenden und diese ihre Arbeit machen können.

9.7 Peers

Die Ausbildung der Peers ist nicht einheitlich geregelt, es gibt dazu verschiedene Konzepte und Anbieter. Beinhalten sollte die Ausbildung aber beispielsweise Grundlagen der Stressentstehung und -reaktion, Folgen von Belastungen, Psychotraumatologie, Gesprächsführung, Einsatznachsorge nach CISM und den Umgang mit Tod und Trauer.

Der Einsatz von Peers bietet allerdings nicht nur Vorteile. Es gibt einige Punkte, die beachtet werden sollten: Die starke Nähe zwischen Peer und Betroffenen kann dazu führen, dass der Peer durch die Probleme des anderen stärker selbst betroffen ist, als es jemand externes wäre. Dagegen kann es helfen, Distanzierungsmöglichkeiten zu erlernen oder Peers aus anderen Abteilungen hinzuzuziehen. Da Peers und die betroffenen Einsatzkräfte häufig unter ähnlichen Problemen in ihrer Organisation leiden, kann der Peer zwar die Situation der Betroffenen besser nachvollziehen, aber manchmal helfen neue Lösungsansätze eines Externen. Da Peers möglicherweise Angestellte der Organisation sind, kann es im Rahmen ihrer Tätigkeit zu Interessenskonflikten kommen. Es kommt beispielsweise vor, dass die Probleme der Hilfesuchenden durch das Verhalten von Vorgesetzten verursacht oder verstärkt werden. Eine externe Kraft kann dann manchmal besser vermitteln als ein Arbeitskollege, der selbst weisungsgebunden gegenüber diesem Vorgesetzten ist. Ein weiteres Problem kann sein, dass Peers weniger Erfahrung und Ausbildung im Umgang mit belasteten Einsatzkräften haben als externe Fachkräfte. Peers müssen sich deshalb innerhalb klarer Kompetenzen und Zuständigkeiten bewegen und sollten kein Problem damit haben, externe Fachkräfte hinzuzuziehen. Auch dürfen sie sich nicht übergangen fühlen, wenn ein Arbeitskollege lieber mit jemand Externen sprechen möchte.

Der Einsatz von Peers kann den Umgang mit psychischen Belastungen innerhalb der Organisation deutlich verbessern. Sie können als Ansprechpartner dienen, die auch im Alltag häufiger helfen können als Fachkräfte, die in der Regel nur nach besonders belastenden Einsätzen hinzugezogen werden. Sie können helfen, die Problematik weiter in den Vordergrund zu bringen und in die alltägliche Aus- und Fortbildung zu integrieren. Außerdem ist es ein schönes Zeichen von den Verantwortlichen gegenüber ihren Mitarbeitenden, wenn sie sich Gedanken um deren Situation machen und ein Peersystem etablieren. Sie sollten dann auch auf die Einwände und Ideen dieser Kollegen hören und diese ernstnehmen. Peers können so auch als Bindeglied zwischen den Einsatzkräften und den Fachkräften der PSNV dienen und deren Einsatz innerhalb der Organisation unterstützen (Karutz 2011).

10 Psychische Erste Hilfe

Der Begriff »Psychische Erste Hilfe« wurde von Lasogga (2011) geprägt. Es handelt sich um Regeln und Verhaltensweisen, die vergleichsweise einfach gelernt und angewendet werden können und mit denen Betroffene sowie belastete Einsatzkräfte bis zum Eintreffen von entsprechenden Fachkräften betreut werden können. Einsatzkräfte, die mit der Betreuung beauftragt und darin ungeübt sind, fühlen sich oft überfordert und hilflos, was selbst wieder zu stärkeren Reaktionen des eigenen AVS führen kann. Da durch die Handlungsempfehlungen der psychischen Hilfe diese Unsicherheit verringert werden kann, sollte jede Einsatzkraft darin zumindest grundlegend geschult werden. Wenn sich Kameraden, die sich für psychische Erste Hilfe interessieren, tiefergehend mit dem Thema beschäftigen oder sich schulen lassen, können diese im Einsatz verstärkt die Betreuung übernehmen und dadurch ihren Kollegen den Rücken freihalten.

Bei den Regeln der Psychischen Ersten Hilfe handelt es sich um Empfehlungen von Betreuungstätigkeiten, die von den meisten Menschen als angenehm empfunden werden. Da nicht alle Betroffenen gleich reagieren, sollte man sein Verhalten den individuellen Bedürfnissen der Betreuten anpassen.

Die vier Grundregeln der Psychischen Ersten Hilfe können auch von Laienhelfern angewandt werden:

1. **»Sage, dass du da bist und dass etwas geschieht!«** (Lasogga 2011, S. 74)
   Bereits die Anwesenheit einer zugewandten Person kann die Reaktionen des AVS abschwächen und

somit für Beruhigung sorgen. Um dem Informationsbedürfnis der Betroffenen zu entsprechen, sollten diese über getroffene Maßnahmen informiert werden.

2. **»Schirme das Notfallopfer von Zuschauern ab!«** (ebd. S. 75)
Befindet man sich in einer hilflosen Lage, ist das besonders vor Zuschauern meist unangenehm und peinlich. Eine Jacke oder Decke umzuhängen kann das Gefühl von Sicherheit vermitteln.

3. **»Suche vorsichtigen Körperkontakt!«** (ebd. S. 75)
Körperkontakt kann als angenehm und beruhigend empfunden werden. Allerdings sollte dieser vorsichtig hergestellt werden und nur dann, wenn das Opfer diesen akzeptiert. Es empfehlen sich Berührungen an Schulter, Arm oder Hand.

4. **»Sprich und höre zu!«** (ebd. S. 76)
Reden ist eine gute Möglichkeit, um Spannung abzubauen. Wenn der zu Betreuende von sich aus redet, sollte man geduldig zuhören, auch wenn das Thema in der Situation befremdlich wirkt oder nicht relevant ist. Wenn das Opfer nicht selbst spricht, kann es vielleicht mit offenen Fragen (»Kann ich noch etwas tun?«, »Was hatten sie gerade vor?«) zum Reden animiert werden.

Diese einfachen Regeln bilden nur die absolute Grundlage. Für Einsatzkräfte, die gelegentlich mit Personen in psychisch belastenden Situationen zu tun haben, empfiehlt sich die Orientierung an den folgenden elf Punkten, die ebenfalls Lasogga (2011) vorgeschlagen hat:

1. **Überblick gewinnen**: Zur vollständigen Lageerkundung gehört neben der Sichtung von Verletzten auch die Beurteilung von unverletzt Betroffenen. Dabei sollte die Stresskaskade beachtet werden: Ruhige und unauffällige Notfallopfer benötigen manchmal dringend Hilfe, da sie sich bereits in einer Shutdown-Reaktion befinden können (siehe dazu Kapitel 3.5).
2. **Kontaktaufnahme und Begrüßung**: Die Vorstellung mit Namen und Funktion des Helfers kann den Betroffenen Orientierung geben. Auch die Betroffenen sollten mit Namen angesprochen werden, da damit ein persönlicherer Kontakt entsteht und eine gewisse Normalität vermittelt werden kann.
3. **Vorsichtiger Körperkontakt**: Der Kontakt sollte von derselben Ebene geschehen, also nicht »von oben herab«. Sitzt ein Betroffener, kann man sich häufig gut selbst setzen oder hocken.
4. **Kompetenz zeigen**: Werden die Maßnahmen ruhig und sicher durchgeführt und zusätzlich erläutert, dann kann die erlebte Kompetenz des Helfers das Opfer beruhigen. Zur Kompetenz gehört auch die Zusammenarbeit im Team: Werden Diskussionen geführt oder unsachlich und hektisch kommuniziert, kann sich die Unruhe auf Betroffene übertragen.
5. **Information**: Informationen wirken dem Kontrollverlust entgegen und geben Orientierung. Wenn

möglich sollte also die aktuelle Lage und das weitere Vorgehen mit den Betroffenen besprochen werden. Dabei sollte darauf geachtet werden, verständlich zu kommunizieren und keine Fachsprache zu verwenden. Besonders die Situation der Angehörigen und Bezugspersonen interessiert. Dabei ist Vorsicht geboten: Die Überbringung einer Todesnachricht kann die Situation deutlich verschlimmern und ist in der Regel Aufgabe der Polizei (siehe Kapitel 11).

6. **Zuhören**: Häufig wird das »Aktive Zuhören« empfohlen. Die richtige Anwendung ist aber fachlich relativ anspruchsvoll. Es hilft bereits, dem Opfer interessiert zuzuhören und durch geschickte Fragen zum Reden zu animieren.

7. **Selbstkontrolle stärken**: Kontrollverlust sollte unbedingt vermieden werden. Die Betroffenen sollten also, wenn möglich, an Entscheidungen beteiligt werden. Hier genügen häufig schon weniger relevante Entscheidungen: »Möchten Sie etwas trinken?«, »Wo möchten Sie sich hinsetzen?«. Auch die Übertragung von kleineren Aufgaben kann dabei helfen, dass Kontrollgefühl aufrecht zu erhalten. Aufgeregte Angehörige können beispielsweise Informationen heraussuchen oder Sachen zusammenpacken.

8. **Opfer nicht allein lassen**: Menschen sollten in psychischen Ausnahmesituationen nicht allein sein. Notfalls muss ein anderer Helfer oder Angehöriger die Person ersatzweise betreuen.

9. **Zuschauer**: Betroffene sollten vor neugierigen Blicken geschützt werden.
10. **Umgang mit Laienhelfern**: Laienhelfer wie Ersthelfer werden häufig zu wenig beachtet. Auch wenn sie koordinierte und gute Erste Hilfe geleistet haben, befinden sie sich oft in einem psychischen Ausnahmezustand und sind selbst stark belastet. Häufig sind Ersthelfer auch unsicher, ob ihre Maßnahmen richtig waren. Einsatzkräfte sollten sich bei Laienhelfern bedanken und einige anerkennende Worte aussprechen.
11. **Verabschiedung**: Wenn es möglich ist, sollten sich die Helfer von den Betroffenen verabschieden und wenn nötig über die weiteren Schritte aufklären. Das gibt den Betroffenen Orientierung und schließt für den Helfer die Betreuungssituation ab.

Diese Regeln lassen sich alle mit den Vorgängen des AVS erklären. Ziel ist es, die AVS-Reaktion der Betroffenen abzumindern und sie zu beruhigen. Hilfreich ist dabei ein sicheres, freundliches und professionelles Auftreten der Helfer. Kontraproduktiv sind Vorwürfe, Hektik und Abgestumpftheit.

11 Tod eines Kameraden oder einer Kameradin

Eine der schlimmsten Situationen, die Einsatzkräfte erleben können, ist der Tod eines Kameraden oder einer Kameradin im Dienst. Führungskräfte erleben in diesem Fall die besonders schwierige Situation, selbst vom Verlust betroffen zu sein, aber trotzdem ihren Aufgaben nachkommen zu müssen. Sie sollten sich sowohl um die Mannschaft als auch um die Angehörigen des Verstorbenen kümmern. Für solch eine Situation gibt es kein perfektes Vorgehen. An dieser Stelle werden aber einige Hinweise gesammelt, die betroffenen Führungskräften eine schnelle Orientierung geben sollen und so bei dieser besonders schweren Aufgabe als Unterstützung dienen können. Es handelt sich dabei um Maßnahmen und Vorgehensweisen, die sich in der Vergangenheit als hilfreich erwiesen haben.

Während eines Einsatzes, in dem ein, oder mehrere Kameraden getötet wurden, sollten einige Vorgehensweisen beachtet werden. Insbesondere dann, wenn der Einsatz länger dauern wird, etwa weil die Bergung Zeit in Anspruch nimmt, sollte

- Hilfe aus Nachbarlöschbezirken oder Nachbarfeuerwehren angefordert werden. Externe sind weniger persönlich betroffen und können deshalb in der Situation professioneller arbeiten. Zusätzlich sollten Kräfte der PSNV schnellstmöglich und in ausreichender Anzahl alarmiert werden.

11 Tod eines Kameraden oder einer Kameradin

- Einsatzkräften, die das Unglück direkt miterlebt haben oder durch den Verlust unmittelbar betroffen sind, Ablösung angeboten werden. Wie im Präventionskapitel 8.2.2 »Organisation: Während des Einsatzes« beschrieben, sollte die Ablösung aber nicht erzwungen werden, wenn irgendwie möglich. Die Betroffenen werden dann ein noch schlimmeres Hilflosigkeitsgefühl erleben.
- beachtet werden, dass Angehörige an die Einsatzstelle kommen können. Deshalb sollte ein Betreuungsraum in der Nähe der Einsatzstelle errichtet werden. Bei unklarer Lage, anhaltenden Rettungsversuchen, oder nicht abgeschlossener Bergung wollen Angehörige in der Regel in der Nähe des Geschehens sein. Das sollte den Angehörigen möglichst gewährt werden, sie sollten dabei aber von Kräften der PSNV betreut werden. Im Betreuungsraum muss die Möglichkeit gegeben sein, den Angehörigen in einem separaten Raum gegebenenfalls die Todesnachricht zu überbringen. Auch Angehörige, denen mitgeteilt werden kann, dass das Opfer lebend gerettet werden konnte, sollte die Nachricht separat von den anderen wartenden Angehörigen überbracht werden.

Die Angehörigen sollten in regelmäßigen Abständen von Verantwortlichen der betroffenen Organisation über den aktuellen Stand des Einsatzes informiert werden, auch wenn es keine Neuigkeiten gibt. Es sollte nach Möglichkeit ein Zeitpunkt angegeben werden, wann informiert wird.

11 Tod eines Kameraden oder einer Kameradin

Unmittelbar nach dem Einsatz sollte eine Einsatznachbesprechung für die betroffene Mannschaft angeboten werden. Auf die Einsatznachbesprechung wird im Präventionskapitel 8.2.3 »Organisation: nach dem Einsatz« eingegangen. Wenn möglich, sollte die Besprechung durch Kräfte der PSNV oder Peers begleitet werden. Während der Einsatznachbesprechung sollte das Geschehen zusammengefasst werden und so alle Beteiligten auf denselben Wissenstand gebracht werden. Auch wenn es die Kameraden bereits wissen, sollte von den Führungskräften der Tod des Verstorbenen mit klaren Worten ausgesprochen werden. Den Beteiligten sollte genannt werden, welche Ansprechpartner zur Verfügung stehen, die bei der Bewältigung von psychischen Problemen helfen können. Die individuellen Bedürfnisse der Beteiligten können sehr unterschiedlich sein: Einige möchten lieber allein sein, andere werden das Bedürfnis nach Gemeinschaft verspüren. Die verschiedenen Wünsche sollten akzeptiert und ermöglicht werden. Außerdem sollte über das weitere Vorgehen informiert werden, etwa wer sich um die Angehörigen kümmern wird. Für den nächsten Tag sollte eine weitere Besprechung geplant werden.

Zusätzlich zu den am Einsatz Beteiligten müssen häufig noch weitere Personen benachrichtigt werden. Dazu gehören in erster Linie selbstverständlich die Angehörigen der Verstorbenen.

Achtung:

Die Überbringung der Todesnachricht wird im Fall eines tödlichen Unglückes im Einsatz in aller Regel Aufgabe der Polizei sein, da diese Ermittlungen anstellt.

11 Tod eines Kameraden oder einer Kameradin

Das weitere Vorgehen sollte unbedingt mit der Polizei abgesprochen werden, Alleingänge müssen unterbleiben. Es empfiehlt sich auch, die Kräfte der PSNV einzubinden. Diese begleiten häufig die Polizei bei der Überbringung der Todesnachricht und können die Angehörigen direkt betreuen. Führungskräfte der Feuerwehr können nach Rücksprache die Polizei begleiten oder nach Überbringung der Todesnachricht die Angehörigen zu einem Kondolenzbesuch aufsuchen. Die Führung sollte sich schnellstmöglich vergewissern, dass die Angehörigen von Menschen aus ihrem eigenen sozialen Netzwerk betreut werden und selbst Hilfe und Unterstützung anbieten. Besonders bei den vielen Aufgaben, die in den Tagen nach dem Tod anstehen, kann die Feuerwehr meist gut unterstützen. Wenn gewünscht, kann sie beispielsweise die Angehörigen bei einer notwendigen Identifikation des Verstorbenen begleiten. Angehörige empfinden diese Fürsorge oft als wohltuend, die eigenen Kameraden sind häufig froh darüber, unterstützen zu können. Die Hilfe der Feuerwehr sollte stets angeboten, aber nie aufgedrängt werden.

Zusätzlich zu den Angehörigen müssen noch eine Reihe weiterer Personen benachrichtigt und bedarfsgerecht betreut werden: Kameraden, die nicht am Einsatz beteiligt waren und die weitere Führung bis hin zum Dienstherrn, also in der Regel die Bürgermeisterin oder der Bürgermeister. Es sollte vermieden werden, dass Betroffene vom Tod eines Bekannten aus den Medien oder über Soziale Netzwerke erfahren. Selbstverständlich können auch hier Vorgaben des Datenschutzes oder anderer Regelungen greifen, das Vorgehen sollte deshalb, wenn möglich, mit den Angehörigen besprochen werden.

11 Tod eines Kameraden oder einer Kameradin

Auch die Einsatzkräfte anderer am Einsatz beteiligter Einheiten und Fachdienste sollten informiert werden. Hier greifen die allgemeinen Regeln der Einsatznachsorge, eine Betreuung durch Fachkräfte der PSNV sollte angeboten werden. Wenn die Möglichkeit besteht, kann im Gerätehaus oder in der Wache eine Gedenkstelle eingerichtet werden, an der Menschen Blumen und Kerzen niederlegen können. Vielleicht kann das Gerätehaus sogar in den Tagen nach dem Unglück geöffnet bleiben und als Anlaufstelle dienen, in der Betroffene in der Gemeinschaft zusammenkommen können und Getränke und gegebenenfalls ein Imbiss gereicht werden. Nach Möglichkeit sollten sich dort Ansprechpartner der PSNV oder Peers aufhalten, die bei Bedarf Betreuung anbieten können. Außerdem kann dort ein Kondolenzbuch ausgelegt werden.

Für die Tage nach dem Unglück sollten weitere Treffen der beteiligten Einsatzkräfte organisiert werden. Allen Beteiligten sollten Einzelgespräche mit PSNV oder Peers angeboten werden und je nach Gepflogenheiten sollte besprochen werden, ob ein Debriefing erwünscht ist. Es sollte besprochen werden, welche Unterstützung durch die Feuerwehr geleistet werden und wer welche Aufgaben übernehmen kann. Zusätzlich sollte besprochen werden, ob ein Gottesdienst gewünscht ist und in welchem Rahmen Beteiligung an der Beerdigung stattfinden und ob eine Trauerfeier organisiert werden soll.

Führungskräfte sollten sich ihrer Doppelrolle bewusst werden und frühzeitig überlegen, welche Unterstützung sie benötigen, um ihre Aufgaben bewältigen zu können. Sie sollten bei Bedarf selbst Einzelgespräche oder andere Einsatznachsorgeangebote wahrnehmen und überlegen, welche Aufgaben delegiert werden können.

11 Tod eines Kameraden oder einer Kameradin

Auch die Familienangehörigen der nicht verletzten Einsatzkräfte können psychologische Beratung und Unterstützung benötigen, da sie nach dem Einsatz mit starker Angst und Sorge um ihre Angehörigen reagieren können. Auch können sie beraten werden, wie sie mit möglichen Belastungsreaktionen ihrer Angehörigen umgehen, die am Einsatz beteiligt waren, oder wie sie mit Kindern über das Unglück sprechen und mit deren Reaktionen umgehen können.

Mit der Beerdigung ist die Verarbeitung des Unglückes natürlich nicht abgeschlossen. Für die Verarbeitung eines solch gravierenden Einschnittes benötigt jeder Zeit. Wichtig ist dabei ein offener Umgang mit Trauer und Belastung. Es sollte sich darüber verständigt werden, wie mit den persönlichen Gegenständen der Verstorbenen umgegangen wird und wie ihnen weiterhin gedenkt werden soll. Manche wünschen, dass dauerhaft eine Gedenkstelle im Gerätehaus eingerichtet wird, etwa durch Bilder oder Aufstellen einer Gedenktafel und Abhalten von Gedenktagen. Für solche Situationen gibt es naturgemäß keine allgemeingültige Empfehlung. Daher ist es besonders wichtig, sich auszutauschen und gemeinsam eine Regelung zu finden. Auch sollte die Hilfe für Beteiligte und Angehörige bei Bedarf langfristig sichergestellt werden. Häufig kommt es zunächst zu einer Welle der Hilfsbereitschaft, die nach einiger Zeit abklingt, was dafür sorgt, dass die Betroffenen sich allein gelassen fühlen (Perren-Klingler und Ramstein 2015, Randegger 2015).

Resümee

Bei jedem Stressempfinden wird das Alarm- und Verteidigungssystem (AVS) des Menschen aktiv. Hinter diesem Begriff verstecken sich eine ganze Reihe an unbewussten Vorgängen, die alle ein Ziel verfolgen: dem Menschen bei Gefahr das Überleben zu sichern. Durch die Ausschüttung von Hormonen wie Adrenalin und neurologischen Vorgängen wird die Energie gebündelt, die Flucht oder Kampf ermöglicht. Sieht das AVS den Menschen nicht mehr in der Lage, die Gefahr abzuwenden, kann es entscheiden, Körperfunktionen zu verlangsamen und sich todzustellen. Einsatzkräfte erleben in ihrem Alltag häufig Stress. Auch wenn sie selten selbst in akuter Gefahr schweben, sind sie häufig mit Situationen konfrontiert, in denen andere ums Überleben kämpfen. Oft können Rettungskräfte helfen, aber manchmal stehen sie den Geschehnissen hilflos gegenüber. Da das eigene Selbstbild, helfen zu können, verletzt wird, reagieren viele auf diese Hilflosigkeit mit Schuldgefühlen. Diese Kombination aus häufiger Konfrontation mit belastenden Situationen, hohem Stresspegel im Alltag und manchmal auftretenden Schuldgefühlen führt zu einer hohen psychischen Belastung der Einsatzkräfte. Diese kann, wenn sie überhandnimmt, schwerwiegende Folgen haben. Krankheiten, beispielsweise die Posttraumatische Belastungsstörung, können auftreten. Häufiger jedoch sind Beschwerden unterhalb der Krankheitsschwelle, die trotzdem langfristig die Lebensqualität einschränken.

Resümee

Allerdings ist niemand diesen Belastungen hilflos ausgesetzt. Jeder kann etwas tun, um die eigene Verarbeitung und Regeneration zu unterstützen. Aber auch die Feuerwehr und jede andere Organisation sollte sich um die eigenen Mitarbeiter sorgen und ihre psychische Gesundheit schützen. Sowohl für das Individuum als auch für die Organisation gibt es Maßnahmen, die präventiv vor dem Einsatz getroffen werden sollten, um den Schutz der Beteiligten zu erhöhen. Zusätzlich gibt es Maßnahmen, die während längeren Einsätzen getroffen werden können oder die Verarbeitung von Belastungen und Eindrücken nach dem Einsatz unterstützen. Viele der Empfehlungen lassen sich kurzfristig und kostengünstig umsetzten, allerdings verlangt eine wirklich nachhaltige Prävention die Akzeptanz der Beteiligten und deren Bewusstsein für psychische Belastungen.

Wichtigster Partner für die Feuerwehr beim Umgang mit psychischen Belastungen sind die örtlich aktiven Organisationen der Psychosozialen Notfallversorgung. Diese können die Feuerwehren im Einsatz bei der Betreuung von Betroffen unterstützen und entlasten. Die Zusammenarbeit, besonders in Großschadenlagen, sollte aber im Vorfeld geplant und geübt werden. Zusätzlich kann die PSNV für Einsatzkräfte Präventionsveranstaltungen anbieten und nach belastenden Einsätzen betreuen. Bestenfalls kann die PSNV bereits in der Ausbildung der Feuerwehrangehörigen mitwirken. So können sich die einzelnen Akteure bereits im Vorfeld kennenlernen und gegenseitiges Vertrauen schaffen. Als niederschwelliges Angebot sollte darüber nachgedacht werden, Peers als kollegiale Ansprechpartner innerhalb der eigenen Organisation zu etablieren.

Resümee

Welche Methoden auch in der eigenen Feuerwehr angewendet werden, sie alle können ihren Beitrag dazu leisten, Einsatzkräfte in Zukunft besser gegen die hohe Belastung zu schützen und ihnen so ermöglichen, ihrem Beruf oder ihrem Hobby langfristig und mit Freude nachgehen zu können.

Wir sind vielen Menschen dankbar für ihre Unterstützung und Ermutigung, insbesondere Alexander Flohr, Kathrin Mohl, Simon Kyprianou, Benedikt Adams und Yannick Schreiner sowie den Kameradinnen und Kameraden des Löschbezirk Ensheim, die uns in der Feuerwehr eine Heimat gegeben haben.

Literatur

Alfare, Martin (2006): Organisation komplexer Einsätze. In: Brigitte Lueger-Schuster, Marion Krüsmann und Katharina Purtscher (Hg.): Psychosoziale Hilfe bei Katastrophen und komplexen Schadenslagen. Lessons Learned. Vienna: Springer-Verlag/ Wien, S. 71–97.

Arndt, Dagmar (20.04.2012): Extremstress im Polizeidienst. Traumatische Erfahrungen und subjektiv wahrgenommene Traumafolgen unter beachtung des Einflusses von Burnout. Dissertation. Freie Universität Berlin, Berlin. Fachbereich Erziehungswissenschaften und Psychologie.

Beerlage, Irmtraud (2017): Prävention und Gesundheitsförderung bei Einsatzkräften. In: Harald Karutz, Wolfram Geier und Thomas Mitschke (Hg.): Bevölkerungsschutz. Notfallvorsorge und Krisenmanagement in Theorie und Praxis. Berlin, Heidelberg, s.l.: Springer Berlin Heidelberg, S. 166–178.

Berking, Matthias (2017): Training emotionaler Kompetenzen. 4. Aufl. Berlin, Heidelberg, s.l.: Springer Berlin Heidelberg (Psychotherapie).

Bruck, Gabriele; Dörfel, Denise (2018): Emotionsregulation in der Arbeit am Beispiel Rettungsdienst. Unter Mitarbeit von Anne Gehrke und Frauke Jahn. Dresden.

Bundesamt für Bevölkerungsschutz und Katastrophenhilfe (BBK) (2013): Psychosoziale Notfallversorgung. Qualitätsstandards und Leitlinien: Teil I und II. Bonn.

Butollo, Willi; Karl, Regina; Krüsmann, Marion (Hg.) (2012): Sekundäre Prävention einsatzbedingter Belastungsreaktionen und -störungen. Deutschland. Bonn: Bundesamt für Bevölkerungsschutz und Katastrophenhilfe (Forschung im Bevölkerungsschutz, 8).

Disse, Sybille (2015): ICD-10 kompakt – Heilpraktiker für Psychotherapie. Mit Übungsaufgaben, Fällen, Merksätzen, Lernhinweisen und Prüfungstipps. 1. Auflage. München: Elsevier Urban & Fischer.

Literatur

Gerngroß, Johanna (2015): Grundlagen der Psychotraumatologie und Notfallpsychologie sowie des psychologischen Krisenmanagements. In: Johanna Gerngroß und Pia Andreatta (Hg.): Notfallpsychologie und psychologisches Krisenmanagement. Hilfe und Beratung auf individueller und organisationeller Ebene. Stuttgart: Schattauer, S. 1–53.

Gerngroß, Johanna (2015): Notfallpsychologische und Psychosoziale Begleitung von Traumabetroffenen. In: Johanna Gerngroß und Pia Andreatta (Hg.): Notfallpsychologie und psychologisches Krisenmanagement. Hilfe und Beratung auf individueller und organisationeller Ebene. Stuttgart: Schattauer, S. 64–103.

Gerngroß, Johanna; Andreatta, Pia (Hg.) (2015): Notfallpsychologie und psychologisches Krisenmanagement. Hilfe und Beratung auf individueller und organisationeller Ebene. Stuttgart: Schattauer.

Gräßer, Melanie; Hovermann, Elke (2019): Ressourcenübungen für Erwachsene. Weinheim: Beltz.

Grawe, Klaus (2004): Neuropsychotherapie. Göttingen: Hogrefe Verlag.

Hausmann, Clemens (2010): Notfallpsychologie und Traumabewältigung. Ein Handbuch. Wien: facultas.wuv.

Heedt, Thorsten (2017): Psychotraumatologie. Traumafolgestörungen und ihre Behandlung griffbereit. Stuttgart: Schattauer Verlag (griffbereit).

Helmerichs, Jutta (2011): Psycho-soziale Notfallversorgung im Großschadensfall und bei Katastrophen. In: Frank Lasogga und Bernd Gasch (Hg.): Notfallpsychologie. Wiesbaden: Springer Fachmedien, S. 371–388.

Hofinger, Gesine; Heimann, Rudi (Hg.) (2016): Handbuch Stabsarbeit. Führungs- und Krisenstäbe in Einsatzorganisationen, Behörden und Unternehmen. 1. Aufl. 2016. Berlin, Heidelberg: Springer.

Hofinger, Gesine; Mähler, Mareike; Künzer, Laura; Zinke, Robert (2013): Interorganisationale Kooperation und Kommunikation in Großschadenslagen. In: Christoph Unger, Thomas Mitschke

Literatur

und Dirk Freudenberg (Hg.): Krisenmanagement – Notfallplanung – Bevölkerungsschutz. Festschrift anlässlich 60 Jahre Ausbildung im Bevölkerungsschutz, dargebracht von Partnern, Freunden und Mitarbeitern des Bundesamtes für Bevölkerungsschutz und Katastrophenhilfe, S. 211–233.

Hoppe, Sebastian (2016): Der Einfluss des Konsensus-Prozesses auf die Praxis der Psychosozialen Notfallversorgung für Betroffene (PSNV-B). Vergleichende Darstellung anhand der Einsatzbeispiele Eschede 1998 und Bad Aibling 2016. Berlin.

Huber, Michaela (2013): Wege der Trauma-Behandlung. Paderborn: Junfermann.

Hüther, Gerald (2015): Die Macht der inneren Bilder. Wie Visionen das Gehirn, den Menschen und die Welt verändern: Vandenhoeck & Ruprecht.

Hüther, Gerald (2018): Biologie der Angst. Wie aus Stress Gefühle werden. 13., unveränderte Auflage. Göttingen, Bristol, CT: Vandenhoeck & Ruprecht.

ICD 11. Online verfügbar unter https://icd.who.int/browse11/l-m/en, zuletzt geprüft am 22.11.2020.

Illes, Franciska; Jendreyschak, Jasmin; Armgart, Carina; Juckel, Georg (2015): Suizide im beruflichen Kontext. Bewältigungsstrategien für Mitarbeiter im Gesundheitswesen und Rettungsdienst. Stuttgart: Schattauer.

Karl, Regina; Schmelzer, Monika; Metz, Anton; Butollo, Willi; Süss, Beate; Adler, Tine; Krüsmann, Marion (2012): Traumabedingte Belastungen im ehrenamtlichen Einsatzwesen. Eine Querschnittstudie in den Ländern Bayern und Brandenburg. In: Willi Butollo, Regina Karl und Marion Krüsmann (Hg.): Sekundäre Prävention einsatzbedingter Belastungsreaktionen und -störungen. Bonn: Bundesamt für Bevölkerungsschutz und Katastrophenhilfe (Forschung im Bevölkerungsschutz, 8), S. 101–339.

Karutz, Harald (2011): Kollegen für Kollegen: Peers. In: Frank Lasogga und Bernd Gasch (Hg.): Notfallpsychologie. Wiesbaden: Springer Fachmedien, S. 199–213.

Literatur

Karutz, Harald; Blank-Gorki, Verena (2015): Psychische Belastungen und Bewältigungsstrategien in der präklinischen Notfallversorgung. In: Notfallmedizin up2date 9 (04), S. 355–374.

Karutz, Harald; Geier, Wolfram; Mitschke, Thomas (Hg.) (2017): Bevölkerungsschutz. Notfallvorsorge und Krisenmanagement in Theorie und Praxis. Berlin, Heidelberg, s. l.: Springer Berlin Heidelberg.

Krampl, Manfred (2007): Einsatzkräfte im Stress. Auswirkungen von traumatischen Belastungen im Dienst. Kröning: Asanger Verl.

Krüger, Andreas (2017): Powerbook – erste Hilfe für die Seele. Trauma-Selbsthilfe für junge Menschen. 6. Auflage. Hamburg: Elbe & Krueger Verlag.

Lasogga, Frank (2011): Psychische Erste Hilfe (PEH). In: Frank Lasogga und Bernd Gasch (Hg.): Notfallpsychologie. Wiesbaden: Springer Fachmedien, S. 73–85.

Lasogga, Frank; Gasch, Bernd (Hg.) (2011): Notfallpsychologie. Wiesbaden: Springer Fachmedien.

Lueger-Schuster, Brigitte; Krüsmann, Marion; Purtscher, Katharina (Hg.) (2006): Psychosoziale Hilfe bei Katastrophen und komplexen Schadenslagen. Lessons Learned. Vienna: Springer-Verlag/Wien.

Maecker, Andreas; Pielmaier, Laura; Gahleitner, Silke B. (2019): Risikofaktoren, Resilienz und posttraumatische Reifung. In: Günter H. Seidler, Harald J. Freyberger und Heide Glaesmer (Hg.): Handbuch der Psychotraumatologie. Stuttgart: Klett-Cotta, S. 87–100.

Mähler, Mareike; Nuth, Günther (2016): Fachberater der Psychosozialen Notfallversorgung in Stäben – Hintergründe und praktische Erfahrungen. In: Gesine Hofinger und Rudi Heimann (Hg.): Handbuch Stabsarbeit. Führungs- und Krisenstäbe in Einsatzorganisationen, Behörden und Unternehmen. 1. Aufl. 2016. Berlin, Heidelberg: Springer, S. 297–301.

Markus Barnsteiner (2019): Gebäudeeinsturz nach Explosion. Belastender Einsatz für die Einsatzkräfte. In: Im Einsatz 26, S. 34–39.

Literatur

Mitchell, Jeffrey T.; Everly, George S. (2005): Critical incident stress management. Handbuch Einsatznachsorge; psychosoziale Unterstützung nach der Mitchell-Methode. Edewecht: Stumpf & Kossendey.

Müller-Cyran, Andreas (2006): Die peritraumatische Intervention in Großschadenslagen. In: Brigitte Lueger-Schuster, Marion Krüsmann und Katharina Purtscher (Hg.): Psychosoziale Hilfe bei Katastrophen und komplexen Schadenslagen. Lessons Learned. Vienna: Springer-Verlag/Wien, S. 99–124.

Ofenstein, Christopher (2016): Lehrbuch Heilpraktiker für Psychotherapie. München: Elsevier. Online verfügbar unter http://shop.elsevier.de/978-3-437-58303-2, zuletzt geprüft am 04.05.2021.

Perren-Klingler, Gisela (Hg.) (2015): Psychische Gesundheit und Katastrophe. Internationale Perspektiven in der psychosozialen Notfallversorgung. Berlin: Springer.

Perren-Klingler, Gisela; Ramstein, Christoph (2015). In: Gisela Perren-Klingler (Hg.): Psychische Gesundheit und Katastrophe. Internationale Perspektiven in der psychosozialen Notfallversorgung. Berlin: Springer, S. 157–167.

Randegger, Christian (2015): Psychosoziale Beratung in der Krise im Kontext eines Unternehmens. In: Johanna Gerngroß und Pia Andreatta (Hg.): Notfallpsychologie und psychologisches Krisenmanagement. Hilfe und Beratung auf individueller und organisationeller Ebene. Stuttgart: Schattauer, S. 53–63.

Reddemann, Luise (2017): Psychodynamisch Imaginative Traumatherapie. PITT® – das Manual: ein resilienzorientierter Ansatz in der Psychotraumatologie. Stuttgart: Klett-Cotta.

Roth, Gerhard; Strüber, Nicole (2018): Wie das Gehirn die Seele macht. Stuttgart: Klett-Cotta.

Schauer, Maggie; Neuner, Frank; Elbert, Thomas (2011): Narrative Exposure Therapy: Hogrefe Publishing.

Schulze, Dörte (2004): Merkmale der Tätigkeit im Feuerwehrdienst und ihre Auswirkungen auf das Wohlbefinden der Einsatzkräfte, unter Berücksichtigung von Hilfesuchverhalten, Veröffentlichungsbereitschaft, sozialer Unterstützung und sozialer

Literatur

Kohäsion. Diplomarbeit. Hochschule Magdeburg-Stendal, Magdeburg. Fachbereich Sozial- und Gesundheitswesen.

Seidler, Günter H.; Freyberger, Harald J.; Glaesmer, Heide (Hg.) (2019): Handbuch der Psychotraumatologie. Stuttgart: Klett-Cotta.

Daniel Nydegger

Methodensammlung für die Ausbildung in der Feuerwehr

2021. 96 Seiten. Kart. € 15,–
ISBN 978-3-17-039436-0
Die Roten Hefte/
Ausbildung kompak Nr. 228
Übungen und Ausbildung
Digital-Ausgabe erhältlich in der
BRANDSchutz-App und als E-Book.

Eine zielführende und motivierende Ausbildung ist das Kernelement einer einsatzstarken Feuerwehr. Damit in der Ausbildung nicht nur frontal Wissen vermittelt wird, sondern die Auszubildenden nachhaltig Nutzen hieraus ziehen können, braucht es verschiedene Elemente. Eines davon ist die Methodik in der Ausbildung, also die Frage danach, wie etwas vermittelt wird.

Der Autor stellt anhand einer Sammlung von 14 Methoden exemplarisch vor, wie man eine Übung methodisch spannend und sinnvoll gestalten kann. Das Buch bietet Ausbildern, nicht nur auf Führungsebene, eine schnelle Übersicht mit wichtigen Tipps und Tricks für eine zielführende und spannende Ausbildungsgestaltung.

Leseproben und
weitere Informationen:
www.kohlhammer-feuerwehr.de

Alexander Scheitza

Interkulturelle Kompetenz bei der Feuerwehr

Herausforderungen und Perspektiven

2021. 143 Seiten. Kart. € 25,–
ISBN 978-3-17-035902-4
Feuerwehrbedarfsplanung
und Personal
Digital-Ausgabe erhältlich in der BRANDSchutz-App und als E-Book.

In einer kulturell immer vielfältigeren Gesellschaft ist Interkulturelle Kompetenz auch für die Feuerwehr eine Schlüsselqualifikation. Sie ist Voraussetzung für erfolgreiches Handeln in vielen Einsatzsituationen und hilft, Mitglieder aus anderen Bevölkerungsgruppen zu gewinnen und zu integrieren.

Das Buch untersucht die interkulturellen Herausforderungen der Feuerwehr. Es zeigt auf, wie sich die Feuerwehr interkulturell weiter öffnen kann und wie die interkulturellen Kompetenzen von Angehörigen der Feuerwehr weiter entwickelt werden können.

Leseproben und
weitere Informationen:
www.kohlhammer-feuerwehr.de

Bücher für Wissenschaft und Praxis